EACHTRAÍ EILÍSE

I DTÍR NA NIONTAS

EACHTRAÍ EILÍSE I DTÍR NA NIONTAS

LEWIS CARROLL
A SCRÍOBH

MATHEW STAUNTON
AS MHAISIGH

NICHOLAS WILLIAMS
A D'AISTRIGH GO GAEILGE

evertype
2022

Arna fhoilsiú ag/*Published by* Evertype, 19A Corso Street, Dundee, DD2 1DR, Alba/*Scotland. www.evertype.com.*

Bunteideal/*Original title: Alice's Adventures in Wonderland.*

An t-eagrán seo/*This edition* © 2022 Michael Everson.
Leagan Gaeilge/*Irish version* © 2003–2022 Nicholas Williams & Michael Everson.
Maisiúcháin/*Illustrations* © 2015 Mathew Staunton.

An chéad eagrán/*First edition* 2022.

Tá taifead catalóige don leabhar seo le fáil ó Leabharlann na Breataine.
A catalogue record for this book is available from the British Library.

ISBN-10 1-78201-231-1
ISBN-13 978-1-78201-231-3

Clóchur/*Typesetting*: Michael Everson.
Set *in*: Garamond Premier Pro & Lapidaria Medior Light na clónna.

Clúdach/*Cover*: Michael Everson.

RÉAMHFHOCAL

Is seoid de litríocht na bpáistí an leabhar Béarla *Alice's Adventures in Wonderland* a foilsíodh den chéad uair sa bhliain 1865. Is iomaí sin teanga a bhfuil aistriúchán den scéal le fáil inti. Foilsíodh aistriúchán Gaeilge le Pádraig Ó Cadhla (1875–1948) sa bhliain 1922 ach ní fhacthas leagan ar bith eile i nGaeilge go dtí anois. Is aistriúchán nua ar fad an leagan seo thíos. K. Verschoyle a rinne na léaráidí le haghaidh aistriúchán Uí Chadhla. Is iad pictiúir a rinne Mathew Staunton atá le feiceáil sa leabhar seo.

Is ainm cleite ainm an údair Lewis Carroll. Charles Lutwidge Dodgson a bhí air go fírinneach agus is oide le Matamaitic i gColáiste Christ Church in Oxford a bhí ann. Cuireadh tús leis an scéal an 4 Iúil 1862, nuair a rinne Dodgson turas i mbád rámhaíochta ar abhainn na Thames in Oxford in éineacht leis an Oirmhinneach Robinson Duckworth, le hAlice Liddell (deich mbliana d'aois) iníon Dhéan Christ Church agus lena beirt deirfiúracha, Lorina (trí bliana déag), agus Edith (ocht mbliana). Mar is léir ón dán ag tús an leabhair d'iarr an triúr cailíní scéal ar Dodgson agus go doicheallach ar dtús thosaigh sé ar an gcéad leagan den scéal a aithris dóibh. Is iomaí tagairt leathfholaithe don chúigear a bhí sa bhád i dtéacs an leabhair féin.

Cailín beag gleoite a bhí in Alice Liddell agus ba í sin an duine den triúr ba mhó a thaitin le Dodgson. Sin é an fáth arb é *Alice's Adventures in Wonderland* a bhaist sé ar an leabhar. San aistriúchán seo, áfach, leantar de nós leagan

Gaeilge 1922 agus *Eilís* a thugtar uirthi. Is ón leabhar sin freisin a fuarthas an leagan *Cat Clárach* atá in úsáid thíos mar aistriú ar *Cheshire-Cat*. Tríd is tríd rinneadh iarracht sa leabhar seo na tagairtí do chultúr na Sasanach a ghaelú chomh fada agus ab fhéidir. Tá an bunleabhar lán le himeartais focal freisin. Nuair nárbh fhéidir Gaeilge a chur orthu sin, féachadh lena macasamhla Gaeilge a chur ina n-áit.

Táim fíorbhuíoch de na daoine seo a léigh m'aistriúchán sa lámhscríbhinn nó sna profaí agus a mhol ceartúcháin nó feabhsúcháin dom: Aifric Nic Aodha, mo chlann mhac Benedict agus Jerome, m'iníon Dominica, Pádraig Ó Snodaigh, agus Michael Everson. Tá mo bhuíochas ag dul do Mhichael freisin as an obair clóchuradóireachta a rinne sé ar an leabhar agus as an gcaoi ar ghaelaigh sé na focail sna maisiúcháin. Má tá locht ar an aistriúchán fós, mise amháin atá ciontach.

Nicholas Williams
Baile Átha Cliath 2003

RÉAMHRÁ AN MHAISITHEORA

Nuair a casadh *Eachtraí Eilíse i dTír na nIontas* orm i gcéad uair, ní raibh leabhar clóscríofa ar bith ag baint leis an scéal. Clódóir agus oibritheoir gilitín a bhí i m'athair i gceardlann clódóireachta i Londain sna seachtóidí agus dá bharr sin bhí an teach seo againne lán go buimbéal le leabhair—ach ní raibh *Eilís* ina measc siúd. Léitheoir cíochrach a bhí ionam ó mo leanbíocht i leith agus sa deireadh thiar bhí cnuasach ollmhór leabhar bailithe agam—ar an drochuair tá na leabhair chéanna scaipthe anois ar fud na hÉireann, na Breataine Móire, agus na Fraince. Cibé ba chúis leis, áfach, ní raibh cóip ar bith d'*Eilís* riamh i measc mo chuid leabhar. Eachtra thipiciúil de chuid na n-ochtóidí a bhí sa chaoi ar tháinig mé den chéad uair ar úrscéal suntasach Lewis Carroll. Lá amháin tháinig m'athair abhaile ó leabharlann phoiblí na Cúlóige agus bosca cáiséad ina bhaclainn aige. Ba nós liom éisteacht gach oíche roimh dom dul a chodladh le leabhair ar théipthaifeadán beag—ba iad *The Hobbit* agus dírbheathaisnéis David Niven na leabhair ab ansa liom. Leabhar aduain a bí in *Eilís* agus ní raibh cosúlacht ar bith ag an leabhar leis na scéalta eile a raibh mé cleachtach leo, ach d'éist mé leis arís agus arís mar sin féin, agus sula raibh orainn na téipeanna a thabhairt ar ais chuig an leabharlann, bhí codanna iomlána d'*Eilís* de ghlanmheabhair agam.

Toisc easpa mionsonraí le beith i dtuairiscí Charroll agus toisc nach raibh maisiúcháin Tenniel feicthe agam an uair sin, is amhlaidh a d'fhorbair me pictiúir an-phearsanta i mo chloigeann d'Eilís féin agus de na carachtair éagsúla a chastar léi. Bhí na pictiúir úd sách láidir le fanúint gan athrú i m'aigne, in ainneoin shaorgacht scéiniúil Disney agus Tim Burton, agus in ainneoin dhraíocht mhaisiúcháin Tenniel féin. Is iad mo phictiúir phearsanta féin is bun leis na maisiúcháin san eagrán speisialta seo d'*Eilís i dTír na nIontas*.

Níorbh é maisiúcháin a sholáthar d'eagrán d'*Eilís i dTír na nIontas* an chloch ba thúisce ar mo phaidrín riamh, ach nuair a chuala mé go bhfuair Michael Everson, dlúthchara dom agus foilsitheoir bisiúil de leabhar le Lewis Carroll, cuireadh chun caint a thabhairt do Chlub Grolier i mbliana, céad agus caoga bliain tar éis céadfhoilsiú *Eilís i dTír na Iontas*, chonacthas dom gurbh é sin chomhthéacs fíorspéisiúil le haithne a chur arís ar *Thír na nIontas*. I rith na bliana 2015 mar sin chuir mé iallach ar Aoife, m'iníon, agus ar an dream ab fhoighní de mo chairde iad féin a dheasú don cheamara in áiteanna difriúla in Oxford, chomh fada is a rinne mé iarracht ar bhreacadh síos ar pháipéir roinnt de na pictiúir a bhí á dtabhairt timpeall agam i mo chloigeann ar feadh tríocha bliain. Samhlaíodh roinnt de na radharcanna i nGarraithe na Lus in Oxford, i ngairdíní Phálás Blenheim agus ar fhearann Theampall Chríost, coláiste Lewis Carroll féin. Is féidir múnlaí roinnt de na hainmhithe agus de na héin a fheiceáil i Músaem na Staire Aiceanta in Oxford, áit a bhfuil dódó cáiliúil Oxford á chaomhnú. Tá súil agam go mbeidh an oiread sult agaibhse ag breathnú ar na maisiúcháin thíos agus a bhí againne á gcruthú.

Mathew Staunton
Oxford, Meán Fómhair 2015

EACHTRAÍ EILÍSE

I DTÍR NA NIONTAS

CLÁR

San iarnóin órga ghluaiseamar
    an abhainn síos go mall,
mar bhí géaga beaga aineolacha
    i mbun gach maide rámh',
fad 's bhí á stiúradh, mar dhea,
    ag lámha beaga an bád.

Ba chrua an triúr sa nóiméad sin
    faoi spéir chomh te, chomh breá
mar d'iarr siad scéal ar dhuine a bhí
    rólag le dada a rá,
ach cad ab fhiú in éadan triúir
    guth fann aon fhir amháin?

An Iníon is Sine le húdarás,
    "'Nois," deir sí, "tosaigh é!"
"Beifear ag súil le ráiméis ann,"
    deir an Dara hIníon go séimh,
is bhí an scéal á mhoilliú síos
    ag fiosracht an Tríú Bé.

Nuair a d'éist siad 's amhlaidh a chualadar
    an aisling ait á ríomh.
I dTír na nIontas lean an triúr
    comhrá an chailín chaoin
le brúid is éan—is chreid siad féin
    nach mór an scéal a bheith fíor.

Thrádh tobar na samhlaíochta
    is é ag aithris dóibh,
is deireadh an scéalaí tuirseach,
    "Is leor é sin go fóill!"
Ach ghlaoidís siúd le gáire mór,
    "Lean ort! Lean ort! Ní leor!"

D'fhás eachtraí Thír na nIontas
    mar sin de réir a chéile;
cumadh gach cuid de céim ar chéim
    gur críochnaíodh an scéilín—
is thángamar go sona suairc
    abhaile faoi luí na gréine.

Beir leat go ceansa an scéal seo—
    is leatsa, a ghirseach, é.
Taisc é mar a mbíonn na cuimhní
    is rúin na hóige glé,
amhail pósae a bhain an t-oilithreach
    i dtír i bhfad i gcéin.

CAIBIDIL I

SÍOS POLL AN CHOINÍN

B’an-fhada le hEilís a bheith ina suí ar an mbruach i bhfochair a deirféar ó tharla nach raibh dada le Dia le déanamh aici. Bhí sí tar éis féachaint uair nó dhó isteach sa leabhar a bhí a deirfiúr a léamh ach ní raibh pictiúir ná comhrá cainte ann, agus nuair nach raibh, ní raibh aon spéis aici ann. "Cén mhaith leabhar," arsa Eilís léi féin, "gan pictiúir ná comhrá cainte?"

Bhí teas agus brothall an lae ag cur tuirse agus marbhántachta uirthi, agus bhí sí ag cuimhneamh, chomh maith is a bhí sí in ann, go mb’fhéidir gurbh fhiú di éirí agus ladhar nóiníní a bhailiú chun slabhra sí a dhéanamh díobh, nuair a rith coinín amach thairsti, coinín bán gléigeal agus dhá shúil dhearga ina cheann.

Is beag an t-iontas a bhí ansin; ná níor shíl Eilís gur an-aisteach an rud a bhí ann nuair a chuala sí an Coinín ag caint leis féin. "Muise, muise," a dúirt sé, "Is ródhéanach a bheidh mé!" (Nuair a smaoinigh sí ar an scéal ina dhiaidh sin, rith sé léi gur chóir di iontas a dhéanamh den scéal, ach dhealraigh gach rud chomh nádúrtha sin ag an am.) Nuair a bhain an Coinín uaireadóir as póca a veiste gur fhéach air, agus gur dheifrigh ar aghaidh, léim Eilís ar a cosa, mar taibhsíodh di láithreach nach bhfaca sí riamh coinín a raibh póca veiste aige nó uaireadóir le baint amach as. Bhí an fhiosracht á loscadh fad is a bhí sí ag rith trasna na páirce ina dhiaidh. Ar ámharaí an tsaoil bhí sí díreach in am chun é a fheiceáil ag deifriú isteach i bpoll mór coinín faoin gclaí.

Lean Eilís síos an poll é ar an bpointe, gan smaoineamh ar chor ar bith conas a thiocfadh sí amach as.

Bhí an poll coinín ag dul ar aghaidh díreach go ceann tamaill; ansin bhí log tobann ann, chomh tobann sin nach raibh deis aici smaoineamh ar í féin a chosc sular thosaigh sí ag titim síos tobar fíordhomhain.

Is an-domhain a bhí an tobar nó is an-mhall a bhí sí ag titim, mar bhí neart ama aici agus í ag titim le breathnú ina timpeall agus chun fiafraí di féin cad é an chéad rud eile a bhainfeadh di. Rinne sí iarracht ar dtús féachaint síos chun feiceáil cad a bhí in ann di, ach bhí an tobar ródhorcha. Thosaigh sí ansin ag breathnú ar na taobhanna agus thug sí faoi deara go raibh seilfeanna agus priosanna ar gach taobh di; bhí pictiúir agus léarscáileanna crochta anseo is ansiúd freisin. Bhain sí próca de sheilf sa titim di; MARMALÁID ORÁISTE a bhí scríofa ar an lipéad ach ar an drochuair bhí sé folamh; níor theastaigh uaithi an próca a ligean uaithi ar eagla go maródh sé duine éigin. D'éirigh léi mar sin é a chur isteach ar ais i gceann de na priosanna agus í ag titim thairis.

"Bhuel," a dúirt Eilís léi féin, "tar éis titim chomh fada seo, ní dada liom feasta titim síos an staighre. Nach cróga a bheidh mé, is súile an dreama sa bhaile! Ba chuma liom titim de mhullach an tí féin!" (Rud a raibh cuma na fírinne air.)

Síos, síos, síos. Nach mbeadh deireadh go deo leis an titim? "Meas tú cé mhéad míle a thit mé faoi seo?" a dúirt sí os ard. "Ní foláir nó táim cóngarach go maith do lár na cruinne. Fan go bhfeice mé: ceithre mhíle míle slí a bheadh ansin, is dóigh liom—" (an dtuigeann tú, bhí Eilís tar éis nithe den chineál sin a dhéanamh ina cuid ceachtanna sa seomra scoile, agus cé nach ró-iontach an deis a bhí ann a cuid eolais a thaispeáint, mar ní raibh aon duine ina haice le héisteacht léi, ba mhaith an cleachtadh ina dhiaidh sin féin é a rá arís) "—sea, sin é an fad ceart, is dócha—ach meas tú cén Domhanfhad nó cén Domhanleithead atá sroichte agam? (Ní raibh tuairim dá laghad ag Eilís cad ba bhrí le Domhanfhad nó le Domhanleithead ach an oiread, ach cheap sí gur bhreá galánta na focail iad.)

Níorbh fhada gur thosaigh sí arís. "Meas tú an dtitfidh mé tríd an domhan ar fad! Nach greannmhar a bheadh sé teacht amach i measc daoine a shiúlann thart agus a gcinn fúthu. Sin iad na Fritorthaí, is dóigh liom—(ba chúis áthais di nach raibh aon duine ag éisteacht léi an babhta seo, mar chonacthas di nárbh é an focal ceart é)"—ach beidh ormsa ainm na tíre a fhiafraí díobh. Gabhaim pardún agat, a bhean uasal, an é seo an Astráil nó an Nua-Shéalainn? (agus rinne sí iarracht umhlú le linn di labhairt—samhlaigh ar umhlú le linn titim tríd an aer! An dóigh leat go bhféadfása é a dhéanamh?) Agus ceapfaidh sí gur aineolach an cailín beag mé de bharr mise a bheith á fhiafraí: b'fhéidir go bhfeicfinn scríofa ar chomhartha in áit éigin é."

Síos, síos, síos. Ní raibh dada eile le déanamh aici. Mar sin thosaigh Eilís ag caint arís. "Cronóidh Dineá go mór anocht mé, is dócha!" (Ba í Dineá an cat.) "Tá súil agam go gcuimhneofar ar a sásar bainne ag am tae. A Dhineá, a chroí! Is trua liom nach bhfuil tú anseo thíos in éineacht liom! Níl aon luch san aer, tá eagla orm, ach b'fhéidir go mbéarfá ar ialtóg, agus is an-chosúil le luch í, tá a fhios agat. Meas tú an itheann na cait ialtóga." Is ansin a tháinig codladh ar Eilís agus deireadh sí léi féin arís agus arís amhail is dá mbeadh sí ag brionglóid, "An itheann na cait ialtóga? An itheann na cait ialtóga?" agus uaireanta "An itheann na hialtóga cait?" Ós rud é nach bhféadfadh sí an cheist a fhreagairt, ba chuma faoi ord na bhfocal, an dtuigeann tú. D'airigh sí gur ag míogarnach a bhí sí agus bhí sí ag tosú ar bhrionglóideach go raibh sí ag siúl lena lámh i lapa Dhineá agus í ag rá go diongbháilte léi, "Anois, a Dhineá, inis an fhírinne. Ar ith tú ialtóg riamh?" Ansin go tobann, plimp! plimp! tháinig sí anuas ar charn de chipíní agus duilleoga tirime agus bhí an titim thart.

Bhí sí gan leagan gan leonadh, agus phreab sí aníos gan mhoill; bhreathnaigh sí in airde ach ní raibh ach dorchadas os a cionn. Os a comhair amach bhí pasáiste fada eile, agus bhí an Coinín Bán fós le feiceáil ag deifriú tríd. Ní raibh nóiméad ar bith le cailleadh. Siúd le hEilís ar nós na gaoithe agus chuala sí é á rá fad is a bhí sé ag dul timpeall coirnéil, "Ó, mo chluasa is m'fhéasóg, nach mall atá sé!" Cé go raibh Eilís á leanúint go dlúth, nuair a scinn sí thar an gcoirnéal, bhí an Coinín imithe as amharc cheana féin. Fuair sí í féin i halla fada íseal a bhí lasta le sraith lampaí crochta den tsíleáil.

Bhí doirse timpeall an halla uile ach bhí glas orthu go léir; agus nuair a bhí Eilís tar éis dul síos taobh amháin agus aníos an taobh eile ag baint trialach as gach uile dhoras, shiúil sí go brónach síos lár an halla, agus í ag fiafraí di féin conas a gheobhadh sí a bealach amach arís.

Tháinig sí go tobann ar bhoirdín beag trí chos déanta de ghloine; ní raibh dada air ach eochairín óir, agus ba é an chéad rud a cheap Eilís gur le ceann de na doirse sa halla a bhain sí; faraor! is rómhór a bhí na glais nó is róbheag a bhí an eochair; ar aon chuma ní osclódh an eochair ceann ar bith díobh. Ar a dara cuairt timpeall, áfach, tháinig Eilís ar chuirtín íseal nach bhfaca sí cheana agus ar a chúl bhí doras beag, timpeall cúig orlach déag ar airde; chuir sí an eochair óir isteach sa ghlas agus bhí ríméad uirthi gurbh í an eochair cheart don doras í.

D'oscail Eilís an doras agus chonaic gur oscail sé ar phasáiste beag, nach raibh mórán ní ba mhó ná poll

francaigh; chuaigh sí síos ar a glúine is d'amharc ar feadh an phasáiste isteach sa ghairdín ab áille dá bhfaca tú riamh. Nach í a bhí ag tnúth le himeacht as an halla dorcha seo agus siúl timpeall i measc na mbláthanna gleoite agus na scairdeán fionnuar! ach ní fhéadfadh sí fiú a cloigeann a chur tríd an doras; "agus fiú dá rachadh mo cheann tríd," a smaoinigh Eilís, "ba bheag an mhaith dom é gan mo ghuaillí. Och, is trua nach féidir liom dúnadh suas mar a bheadh teileascóp. Ceapaim go bhféadfainn é sin a dhéanamh ach fios a bheith agam conas tosú." Tharla an oiread sin rudaí aisteacha di le gairid, an dtuigeann tú, gur thosaigh Eilís ar chreidiúint nach raibh ach fíorbheagán rudaí ann a bhí dodhéanta ar fad ar fad.

Chonacthas di gur bheag an mhaith di fanacht in aice leis an doras beag; chuaigh sí ar ais mar sin chuig an mbord agus dóchas aici go bhfaigheadh sí eochair eile air, nó ar a laghad leabhar agus rialacha ann chun daoine a dhúnadh suas mar theileascóip; ach an babhta seo is amhlaidh a fuair sí buidéal beag air, ("agus is cinnte nach raibh sé anseo cheana," a dúirt Eilís,) agus timpeall mhuineál an bhuidéil bhí lipéad páipéir a raibh na focail "ÓLTAR MÉ" lámhscríofa go deas i litreacha móra air.

Bhí sé maith go leor "Óltar mé" a rá ach ní raibh lá rúin ag Eilís bheag chríonna é sin a dhéanamh faoi dheifir. "Ní hea, feicfidh mé ar dtús," a dúirt sí, "an bhfuil an focal *nimh* scríofa air in aon áit;" mar léigh sí roinnt scéalta deasa faoi pháistí a loisceadh nó ar ith ainmhithe allta iad nó ar tharla nithe míthaitneamhacha eile dóibh, agus é sin uile toisc nár chuimhnigh siad ar na rialacha simplí a mhúin a gcairde dóibh: go ndófaidh priocaire dearg thú, cuir i gcás, má bheireann tu air rófhada; agus má ghearrann tú thú féin go domhain le scian, go dtosóidh tú ag cur fola; agus níor

ITH MÉ

dhearmad Eilís riamh é seo: má ólann tú as buidéal a bhfuil an focal "*nimh*" scríofa air, níos dóichí ná a mhalairt ní réiteoidh sé leat luath nó mall.

Ní raibh "*nimh*" scríofa ar an mbuidéal, áfach, agus mar sin bhain Eilís triail as. Ós rud é gur álainn an blas a bhí air (is meascán de na rudaí seo a bhí ann: toirtín silíní, custard, anann, turcaí rósta, taifí agus tósta te le him air), níorbh fhada gur dhiúg sí an buidéal ar fad.

*   *   *   *

*   *   *

*   *   *   *

"Nach aisteach a mhothaím!" a dúirt Eilís. "Ní foláir nó is ag dúnadh suas atáim mar a bheadh teileascóp."

Agus go deimhin is mar sin a bhí: ní raibh Eilís anois ach deich n-orlach ar airde, agus gheal a haghaidh nuair a smaoinigh sí ar dhul tríd an doras beag isteach sa ghairdín álainn. Ach ar dtús d'fhan sí cúpla nóiméad le feiceáil an laghdódh sí tuilleadh: bhí beagán imní uirthi ina thaobh sin; "mar seans gurb é an deireadh a bheidh air," a dúirt Eilís léi féin, "go rachainn amach ar fad, ar nós coinnle a mhúchfaí. Meas tú cén chuma a bheadh orm ansin?" Agus d'fhéach sí le samhlú cén chuma a bhíonn ar lasair coinnle tar éis di múchadh ar fad, mar níor chuimhin léi go bhfaca sí a leithéid riamh.

Tar éis tamaill, nuair nár tharla dada eile, shocraigh sí ar dhul gan mhoill isteach sa ghairdín; ach, Eilís bhocht, mo léan! nuair a tháinig sí chuig an doras, tuigeadh di gur dhearmad sí an eochair óir, agus nuair a chuaigh sí ar ais chuig an mbord chun í a fháil, ba léir di nach bhféadfadh sí í a shroicheadh ar chor ar bith; chonaic sí go soiléir tríd an ngloine í. D'fhéach sí le ceann de chosa an bhoird a dhreapadh, ach bhí sé róshleamhain di; agus tar éis di í féin a thuirsiú lena cuid iarrachtaí, shuigh an cailín bocht síos agus thosaigh sí ag caoineadh.

"Muise, níl aon mhaith sna deora sin!" a dúirt Eilís sách borb léi féin. "Molaimse duit éirí as sin láithreach bonn!" Is an-mhaith an chomhairle a chuirfeadh sí uirthi féin go hiondúil, (cé gur nós léi go minic gan déanamh de réir a comhairle féin), agus uaireanta cháineadh sí í féin chomh dian sin go dtagadh deora chun a súl; agus ba chuimhin léi uair amháin gur fhéach sí le boiseog thar an gcluas a thabhairt di féin nuair a rinne sí séitéireacht i gcluiche cróice a bhí sí a imirt ina haghaidh féin. Mar ba nós leis an bpáiste suntasach seo ligean uirthi féin gur beirt chailíní éagsúla a bhí inti. "Is beag an mhaith anois é ligean orm féin gur beirt mé! Arú, is ar éigean atá mo dhóthain díom ann le duine ceart amháin a dhéanamh!"

Níorbh fhada ansin gur leag sí súil ar bhosca beag gloine a bhí ina luí faoin mbord; d'oscail sí é agus fuair ann císte beag bídeach, a raibh na focail "ITEAR MÉ" scríofa go gleoite air i gcuiríní. "Bhuel, íosfaidh mé é," a dúirt Eilís, "agus má mhéadaíonn sé mé, beidh mé in ann an eochair a shroicheadh; agus má laghdaíonn sé mé, beidh mé in ann snámh faoin doras; cibé ar bith gheobhaidh mé isteach sa ghairdín, ach is cuma liom cad a thitfidh amach!"

D'ith sí fíorbheagán agus d'fhiafraigh go neirbhíseach di féin, "Fás nó laghdú? Fás nó laghdú?" agus í a choinneáil a láimhe ar mhullach a cinn go n-aireodh sí cé acu ag méadú nó ag laghdú a bheadh sí. Níor bheag a hiontas nuair a thuig sí gur fhan sí ag an méid chéanna; ar ndóigh is é sin a tharlaíonn do dhuine go hiondúil nuair a itheann sé císte, ach bhí Eilís chomh cleachtach faoi seo le rudaí neamhghnácha, go bhfacthas di gur leamh leadránach an scéal a bheadh ann dá leanfadh nithe ar an ngnáthchúrsa.

Mar sin luigh sí isteach ar an obair agus sul i bhfad bhí an císte go léir ite aici.

*   *   *   *
    *   *   *
*   *   *   *

CAIBIDIL II

LINN NA nDEOR

"Níos aistíocha agus níos aistíocha!" a dúirt Eilís de bhéic (bhí an oiread sin iontais uirthi go ndearna sí dearmad glan dá cuid dea-Ghaeilge). "Anois táim ag oscailt amach ar nós an teileascóip ba mhó dá raibh riamh ann! Slán agaibh, a chosa!" (nuair a d'fhéach sí síos ar a cosa, cheap sí gur bheag nach raibh siad imithe as amharc, bhí siad chomh fada sin uaithi). "A choisíní beaga bochta, meas tú cé a chuirfidh bhur stocaí is bhur mbróga oraibh anois, a thaiscí? Is cinnte nach mbeidh mise in ann! Is rófhada uaibh a bheidh mé le bheith buartha fúibh; beidh oraibh bhur ndícheall a dhéanamh asaibh féin—ach ní mór dom a bheith cineálta leo," a dúirt Eilís léi féin, "nó b'fhéidir nach siúlfaidís an bealach ar mian liom dul! Fan go bhfeice mé: tabharfaidh mé péire nua bróg dóibh gach aon Nollaig."

Lean sí uirthi lena cuid pleanála, conas a réiteodh sí an scéal. "Beidh orm na bróga a chur tríd an bpost," a dúirt sí léi féin, "agus nach aisteach a bheidh sé bronntanais Nollag a chur chuig do chosa féin! Nach barrúil an seoladh a bheidh acu?

 Cos Deas Eilíse, Uasal,
  An Ruga Teallaigh,
   gar do Leac na Tine,
    (*le grá ó Eilís*).

Muise, nach í an tseafóid atá ar siúl agam!"

Is ag an nóiméad sin a theagmhaigh a cloigeann le síleáil an halla; bhí sí le bheith beacht níos mó ná naoi dtroithe ar airde agus thóg sí gan mhoill an eochair óir agus dheifrigh léi chuig doras an ghairdín.

Eilís bhocht! Ba é a dícheall é luí ar leataobh agus féachaint le leathshúil isteach sa ghairdín; ach ba lú ná riamh a dóchas go bhféadfadh sí dul tríd an doras: shuigh sí síos agus thosaigh ag caoineadh arís.

"Ba chóir duit náire a bheith ort," a dúirt Eilís léi féin, "cailín mór mar thusa," (b'fhíor di an méid sin), "agus tú ag caoineadh amhlaidh! Éirigh as láithreach, a deirim leat!" Ach lean sí uirthi ag caoineadh ina dhiaidh sin féin, agus í ag sileadh na ndeor ina dtuilte go dtí go raibh linn mhór ina timpeall, ceithre orlach ar doimhneacht agus í ag leathnú leath bealaigh síos an halla.

Chuala sí tar éis tamaill trup éadrom cos i bhfad uaithi, agus thriomaigh sí a dhá súil faoi dheifir go bhfeicfeadh sí cé a bhí ag teacht. Ba é an Coinín Bán ag filleadh é agus é gléasta go hálainn agus péire lámhainní bána meannleathair i leathlámh leis agus fean mór sa lámh eile; bhrostaigh sé aníos de shodar, ag monabhar leis féin agus ag rá, "Och, an Bandiúc! An Bandiúc! Nach í a bheidh ar buile má choinním ag fanacht í." Bhí Eilís chomh héadóchasach sin

go n-iarrfadh sí cabhair ar dhuine ar bith; mar sin, nuair a tháinig an Coinín Bán in aice léi, labhair sí de ghlór íseal faiteach go ndúirt, "Le do thoil, a choinín uasail—" Baineadh geit uafásach as an gCoinín, lig sé uaidh na lámhainní bána agus an fean, agus d'imigh leis isteach sa dorchadas chomh tapa agus ab fhéidir leis.

Rug Eilís ar na lámhainní is ar an bhfean, agus toisc go raibh sí an-te, thosaigh sí á fionnuarú féin leis an bhfean agus í ag caint i gcónaí, "Muise, muise! Nach aisteach atá gach uile rud inniu! Ach níor tharla dada as an ngnách inné. B'fhéidir gur athraigh mé thar oíche. Fan go bhfeice mé, an é an duine céanna a bhí ionam nuair a d'éirigh mé ar maidin? Is dóigh liom, b'fhéidir, gur airigh mé beagán aisteach. Ach mura mise an duine a bhí ionam roimhe seo, is í an chéad cheist eile, Cé sa domhan atá ionam? Sin í an fhadhb mhór!" Agus thosaigh sí ag smaoineamh ar na cailíní uile dá haois féin a raibh aithne aici orthu, le feiceáil arbh fhéidir gur cuireadh duine díobh isteach ina háit.

"Is cinnte nach mise Íde," a dúirt sí, "nó tá bachalla fada ina cuid gruaige agus níl bachall ar bith agamsa; ach táim cinnte nach mise Nuala, mar tá a lán lán ar eolas agamsa agus ise, ó, is fíorbheagán atá ar eolas aici! Agus ar aon chuma is ise ise agus is mise mise—muise, muise, nach dothuigthe an scéal é! Féachfaidh mé a bhfuil gach rud a d'fhoghlaim mé ar eolas agam i gcónaí. Fan go bhfeice mé: a ceathair faoina cúig, sin a dó dhéag, agus a ceathair faoina sé, sin a trí déag, agus a ceathair faoina seacht, sin—och, ní shroichfidh mé fiche ar an táin sin! Ach is beag a chruthaíonn an tábla iolraithe; bainimis triail as an Tíreolaíocht. Is é Londain príomhchathair Phárais, agus is é Páras príomhchathair na Róimhe, agus is í an Róimh—ní hea, tá sé sin uile mícheart, táim cinnte. Caithfidh sé gur

cuireadh Nuala isteach i m'áitse! Féachfaidh mé leis an dán
'*Féach mar a ghléasann an—*'," agus chuir sí lámh trasna ar
a chéile ar a hucht amhail is dá mbeadh sí ag dul á aithris,
ach bhí cársán aisteach ina glór, agus níor tháinig na focail
amach mar a thagaidís go hiondúil:—

> *"Féach mar a ghléasann an crogall mín*
> *a dhrioball soilseach cóir.*
> *Uisce a chuireann sé as an Níl*
> *ar gach aon ghainnín óir.*
>
> *"Féach, a straoisín mheidhreach lách*
> *'s a chrúba spréite glé!*
> *Cuireann sé meangadh ar a chár*
> *chun fáiltiú roimh na héisc."*

"Táim cinnte nach iad sin na focail chearta," a dúirt Eilís
bhocht, agus líon a dhá súil le deora arís agus í ag leanúint
uirthi, "Caithfidh sé mar sin gur mise Nuala sa deireadh
thiar, agus beidh orm imeacht agus cónaí sa phúirín sin de
theach, agus ní bheidh bréagán ar bith agam le spraoi leis,
agus, och! beidh an oiread sin ceachtanna le foghlaim agam!
Ní hea, tá m'aigne socair agam faoin scéal. Más mise Nuala,
fanfaidh mé thíos anseo! Is beag an mhaith dóibh a gcloigne
a chur anuas agus a rá liom, 'Tar aníos arís, a mhaoineach!'
Ní dhéanfaidh mé ach breathnú suas orthu agus a rá, 'Cé hé
mise mar sin? Insígí é sin dom ar dtús agus más maith liom
an duine atá ionam, tiocfaidh mé aníos; mura maith,
fanfaidh mé anseo go ndéanfar duine éigin eile díom'—ach,
a thiarcais!" a dúirt Eilís go tréan agus í ag tosú ag caoineadh
arís, "is trua nach gcuireann siad a gcloigne anuas! Táim
chomh bréan de bheith i m'aonar thíos anseo!"

Nuair a dúirt sí é sin d'fhéach sí síos is b'ionadh léi a fheiceáil go raibh ceann de lámhainní beaga an Choinín Duibh curtha aici ar a lámh agus í ag caint. "Conas ab fhéidir liom sin a dhéanamh?" a d'fhiafraigh sí di fhéin. "Ní foláir nó is ag laghdú atá mé arís." D'éirigh sí agus chuaigh chuig an mbord chun í féin a thomhas lena ais, agus fuair sí amach nach raibh sí ach dhá throigh ar airde, chomh fada agus ab fhéidir léi a mheas, agus go raibh sí ag laghdú go tiubh. Fuair sí amach freisin gurb é an fean ba chionsiocair leis an laghdú agus lig sí dó titim sula n-imeodh gach uile rian di.

"Chuaigh sé sin go dtí an dóbair!" a dúirt Eilís, agus í scanraithe as a craiceann leis an athrú tobann. Ach bhí ríméad uirthi go raibh sí fós ann; "agus anois an gairdín!" agus rith sí chomh tapa agus ab fhéidir ar ais go dtí an doraisín, ach mo léan! is amhlaidh a bhí an doras dúnta arís agus bhí an eochair bheag ina luí ar an mbord gloine mar a raibh sí cheana, "agus is measa atá an scéal anois ná riamh," a dúirt an cailín bocht léi féin, "mar ní raibh mé riamh chomh beag seo! Agus tá an scéal an-dona go deo, tá sin!"

Ag rá na bhfocal seo di sciorr a cos agus i bprap na súl, splais! bhí sí in uisce goirt go dtí a smig. Cheap sí ar dtús gur thit sí ar bhealach éigin san fharraige, "agus más mar sin atá an scéal, is féidir liom filleadh abhaile ar an traein," a dúirt Eilís léi féin. (Bhí Eilís cois farraige uair amháin ina saol, agus ba é an tuairim a bhí aici cuma cén áit a rachfá chuig an gcósta go bhfaighfeá roinnt meaisíní snámha, scata páistí ag tochailt sa ghaineamh le sluaistí maide, ansin sraith de thithe lóistín agus ar a gcúl stáisiún traenach.) Ba ghairid go ndearna sí amach gur i linn deor a bhí sí—na deora a shil sí nuair a bhí sí naoi dtroithe ar airde.

29

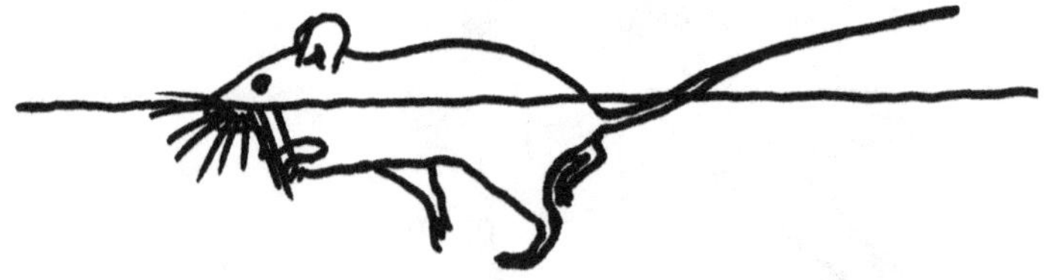

"Faraor gur chaoin mé an oiread sin!" a dúirt Eilís agus í ag snámh timpeall agus ag iarraidh bealach amach a aimsiú. "Beidh a shliocht orm anois, is dócha, mar báfar i mo chuid deor féin mé! Anois is aisteach an rud a bheidh ann, gan aon dabht! Ach is aisteach atá gach aon rud inniu."

Chuala sí rud éigin ag an nóiméad sin a bhí ag slabáil timpeall sa linn tamall gearr uaithi, agus shnámh sí ina threo le fáil amach cad a bhí ann; ar dtús cheap sí gur rosualt é nó dobhareach, ach chuimhnigh sí ansin ar a laghad a bhí sí féin, agus níorbh fhada gur tuigeadh di nach raibh ann ach luch, a shleamhnaigh isteach san uisce de thaisme mar a rinne sí féin.

"An mbeadh aon mhaith ann dá labhróinn leis an luch sin? Tá gach uile rud chomh haisteach sin thíos anseo gur dócha go bhfuil caint aici. Ar aon chuma ní bheidh dochar ar bith san iarracht." Thosaigh sí mar sin, "A Luch uasal, an bhfuil a fhios agat aon bhealach amach as an linn seo? Táim bréan de bheith ag snámh timpeall anseo, a Luch!" (Shíl Eilís gurb é sin an dóigh cheart le forrán a chur ar luch; ní dhearna sí a leithéid riamh roimhe, ach ba chuimhin léi go bhfaca sí "luch—don luich—méad na luiche—buail luich—a luch" i seanghraiméar Gaeilge i seomra staidéir a hathar.) D'fhéach an Luch uirthi le teann fiosrachta, agus chonacthas di gur chaoch an luch súil uirthi, ach ní dúirt sí focal ar bith.

"B'fhéidir nach dtuigeann sí Gaeilge," a dúirt Eilís léi féin; "Is é is dóichí gur luch de chuid na Fraince atá inti, a tháinig anall Bliain na bhFrancach." (Cé go raibh an-chur amach ar an stair ag Eilís, ba bheag a thuig sí cé chomh fada ó shin a tharla aon rud.) Mar sin thosaigh sí ag caint arís: "*Où est ma chatte?*" B'shin é an chéad cheacht ina leabhair Fraincise. Léim an luch de gheit amach as an uisce agus chonacthas d'Eilís gur ag crith le scanradh a bhí sí. "Ó, gabhaim pardún agat!" a ghlaoigh Eilís go tapa, agus eagla uirthi gur ghoill sí ar an ainmhí bocht. "Rinne mé dearmad glan nach dtaitneodh na cait leat."

"Nach dtaitneodh na cait liom!" a ghlaoigh an Luch de ghlór caol fiáin. "An dtaitneodh na cait leatsa, dá mba thusa mise?"

"Bhuel, b'fhéidir nach dtaitneodh," a dúirt Eilís go plámásach, "ach ná bíodh fearg ort. Is trua liom nach féidir liom Dineá, an cat seo againne, a thaispeáint duit: is dóigh liom go dtaitneodh na cait leat dá bhfeicfeá í uair amháin. Is álainn ciúin an cat í," a lean Eilís uirthi, leath ag caint léi féin, agus í ag snámh timpeall san uisce, "agus suíonn sí ag crónán go deas cois tine ag líochán a lapaí agus ag níochán a haghaidhe—tá sí chomh deas bog le muirniú—agus is iontach an sás í chun lucha a mharú—ó, gabhaim pardún agat!" a ghlaoigh Eilís arís, mar an babhta seo bhí colg uafásach ar an luch, agus bhí Eilís ionann is cinnte go raibh sí tar éis goilliúint uirthi. "Ní labhróimid faoi sin arís, más maith leat."

"Ní labhróimid, a deir tú!" a ghlaoigh an Luch, agus bhí sí ar crith go dtí deireadh a heireabaill. "An dóigh leat go labhróinnse faoina leithéidí. Ba ghráin linne riamh na cait. Is comónta, salach, suarach na rudaí iad! Ná cloisim an t-ainm arís!"

"Ní chloisfidh go deimhin!" a dúirt Eilís, agus an deifir uirthi an t-ábhar comhrá a athrú. "An bhfuil dúil agat sna— sna madraí?" Níor fhreagair an Luch agus lean Eilís léi go dúthrachtach, "Tá madra in aice leis an teach seo againne atá chomh beag, chomh deas sin, ba bhreá liom é a thaispeáint duit! Brocaire beag atá ann, tá a fhios agat, a bhfuil súile glé aige agus fionnaidh donn catach! Má chaitheann tú rudaí uait, faigheann sé is tugann ar ais iad, agus suífidh sé ar a chorragiob chun a dhinnéar a iarraidh, agus déanann sé a lán cleas—ní cuimhin liom a leath—is le feirmeoir é, tá a fhios agat, agus deir seisean gur fóinteach an t-ainmhí é, gur fiú míle punt é. Deir sé go maraíonn an madra na francaigh uile go léir thart timpeall agus—a thiarcais!" a ghlaoigh Eilís go brónach, "is eagal liom gur ghoill mé ar an luch arís!" Is amhlaidh a bhí an Luch ag imeacht agus í ag snámh uaithi chomh tapa agus ab fhéidir léi. Bhí sí ag suaitheadh na linne ag imeacht di.

Ghlaoigh Eilís go séimh ina dhiaidh, "A Luch dhil! Tar ar ais, impím ort, agus ní labhróimid feasta faoi chait nó faoi mhadraí, mura dtaitníonn siad leat!" Nuair a chuala an Luch é sin, chas sí timpeall agus shnámh ar ais go mall chuici. Is mílítheach a bhí a haghaidh (le teann feirge, dar le hEilís) agus dúirt sí de ghlór íseal creathach, "Téimis chuig an mbruach agus inseoidh mé mo scéal féin duit agus tuigfidh tú ansin cén fáth ar fuath liom idir chait agus mhadraí."

Ba mhithid dóibh imeacht, mar bhí slua mór sa linn faoi seo, is é sin na héin is na hainmhithe uile a bhí tar éis titim isteach inti: bhí Lacha ann agus Dódó, Pearóid agus Iolar Beag, agus roinnt mhaith créatúr aisteach eile. Ba í Eilís a threoraigh iad, agus shnámh an comhluadar uile go dtí an bruach.

CAIBIDIL III

RÁS CÁCAIS AGUS SCÉAL FADA

Bhailigh slua an-aisteach ar an mbruach—is sraoilleach a bhí cleití na n-éan agus bhí fionnadh na n-ainmhithe ina líbín orthu agus bhí gach créatúr beo díobh fliuch báite, crosta agus míchompordach.

Ar ndóigh ba é an chéad cheist a bhí ag cách, conas a d'fhéadfaidís iad féin a thriomú; ghlac siad comhairle le chéile faoi sin agus tar éis cúpla nóiméad, chonacthas d'Eilís gur nádúrtha an rud a bheith ag comhrá leo, amhail is dá mbeadh aithne aici orthu ar feadh a saoil. Go deimhin bhí argóint sách fada aici leis an bPearóid, agus tháinig stailc uirthi sin sa deireadh agus ní déarfadh sí ach "Is sine mise ná tusa, agus is léir gur fearr atá a fhios agamsa." Ní aontódh Eilís léi go bhfaigheadh sí amach cén aois a bhí aici, agus ó dhiúltaigh an Phearóid glan a haois a insint, ní raibh aon mhaith i dtuilleadh seanchais.

Bhí údarás ag an Luch ina measc, de réir cosúlachta, agus sa deireadh ghlaoigh sí amach, "Suígí síos, gach duine agaibh, agus triomóidh mise sibh sách luath!" Shuigh gach uile dhuine láithreach i bhfáinne mór agus an Luch sa lár. Choinnigh Eilís a dhá súil go himníoch ar an Luch, mar chreid sí go dtógfadh sí féin drochshlaghdán mura n-éireodh sí tirim go luath.

"Ahem!" a dúirt an Luch go mórchúiseach, "An bhfuil sibh uile réidh? Seo é an rud is tirime dár chuala mé riamh. Bíodh gach duine agaibh ina thost, mura miste libh. 'Ar shliocht Breasail Bhéalaigh mic Fiachach Aiceadha atá Mac Murchadha. Ar shliocht Rossa Fáilghigh mic Cathaoir Mhóir atá Ó Conchubhair Fáilghe agus Ó Díomasaigh agus Ó

Duinn agus clann Cholgan amhail adéaram dá éis-so ag craobhscaoileadh mac Míleadh; agus is lé Conn Céad-chathach do thuit an Cathaoir Mór-so—'"

"Och!" a dúirt an Phearóid agus í ag crith.

"Gabhaim pardún agat," a dúirt an Luch go múinte, cé go raibh muc ar gach mala aici: "An ndúirt tú aon cheo?"

"Ní dúirt!" arsa an Phearóid go tapa.

"Shíl mé gur labhair tú," a dúirt an Luch. "Leanfaidh mé orm. 'Agus is lé Conn Céadchathach do thuit an Cathaoir Mór-so i gCath Maighe hÁgha. Do ghabh Conn Céadchathach mac Feidhlimidh Reachtmhar mic Tuathail Teachtmhair do shíol Éireamhóin ríoghacht Éireann fiche bliadhan gur thuit—'"

"Cad a ghabh sé?" arsa an Lacha.

"Ghabh sé an ríocht," a d'fheagair an Luch go crosta: "Tuigeann tú é sin ar ndóigh."

"Tuigim an scéal go maith nuair a ghabhaimse rud," a dúirt an Lacha: "Frog atá ann nó péist go hiondúil. Is í an cheist atá ann anois, cad a ghabh Conn Céadchathach?"

Níor thug an Luch an cheist sin faoi deara ach lean uirthi go deifreach: "'—ríoghacht Éireann fiche bliadhan gur thuit le Tiobraide Tíreach mac Máil mic Rochruidhe i bhfeall i dtuaith Theamhrach agus é uaigneach ann. Caogad iomorro laoch do chuir Tiobraide i reachtaibh ban dá mharbhadh agus is a hEamhain do thrialladar do dhéanamh na feille sin—' Conas atá tú ag teacht ar aghaidh, a lao?" a dúirt sí agus chas sí ar Eilís le linn na bhfocal a rá.

"Táim chomh fliuch is a bhí riamh," a dúirt Eilís go gruama: "Ní dócha gur thriomaigh sé ar chor ar bith mé."

"Más mar sin atá an scéal," a dúirt an Dódó agus é ag éirí ar a chosa, "molaim go gcuirfear an cruinniú urghnách ar athló, agus go soláthrófar beartaíocht is éifeachtaí—"

"Labhair Gaeilge!" a dúirt an tIolar Óg, "Ní thuigimse leath na bhfocal a dúirt tú, agus leis an bhfírinne lom a dhéanamh, ní dóigh liom go dtuigeann tú féin iad!" Chrom an tIolar Óg a cheann chun meangadh gáire a cheilt: chualathas cuid de na héin eile ag sciotaíl gháire.

Is léir gur ghoill an chaint sin ar an Dódó agus dúirt sé, "An rud a bhí mé ag dul a rá gurbh fhearr Rás Cácais ná aon rud eile chun muide a thriomú."

"Cad is Rás Cácais ann?" a d'fhiafraigh Eilís; níor theastaigh uaithi fáil amach, ach bhí an Dódó éirithe as caint amhail is dá mba dhóigh leis sé gur cheart do dhuine éigin rud éigin a rá. Ach níor dhealraigh sé go raibh duine ar bith eile le labhairt.

"Bhuel," arsa an Dódó, "is é an bealach is fearr chun é a mhíniú é a dhéanamh." (Agus ós rud é go mb'fhéidir go dteastódh uait féin an rud a thriail lá éigin sa gheimhreadh, inseoidh mé duit cad a rinne an Dódó.)

Rianaigh sé ráschúrsa ar dtús i gcineál ciorcail ("is cuma mura bhfuil sé cruinn ar fad," a dúirt sé,) agus ansin cuireadh gach ball den slua ina sheasamh ar feadh an chúrsa, anseo agus ansiúd. Ní dúirt aon duine "A haon, a dó, a trí, ar aghaidh," ach thosaídís nuair ba mhian leo agus stadaidís nuair a ba mhian leo. Bhí sé an-deacair mar sin a bheith cinnte cén uair a bhí deireadh leis an rás. Nuair bhí siad tar éis rith ar feadh leathuair an chloig, áfach, agus iad an-tirim arís, ghlaoigh an Dódó go tobann "Tá an rás thart!" agus

chruinnigh siad uile ina thimpeall, saothar orthu agus iad ag fiafraí, "Ach cé a ghnóthaigh?"

Níor fhéad an Dódó an cheist sin a fhreagairt gan mórán machnaimh, agus d'fhan sé ina shuí ar feadh i bhfad, méar leis brúite ar a chlár éadain (an gotha is iondúil a fheiceáil ar fhir léannta nuair a bhíonn siad ag smaoineamh), agus d'fhan an chuid eile leis gan focal astu. Sa deireadh thiar thall dúirt an Dódó, "Gach uile dhuine a ghnóthaigh agus ní mór do gach duine duais a fháil."

"Ach cé a thabharfaidh na duaiseanna?" a d'fhiafraigh a lán glórtha le chéile.

"Ise ar ndóigh," a dúirt an Dódó ag taispeáint Eilíse lena mhéar; agus chruinnigh an slua uile ina timpeall ag béiceadh "Duaiseanna! Duaiseanna!" as béal a chéile.

Ní raibh tuairim ar bith ag Eilís cad ba chóir di a dhéanamh agus mar sin chuir sí a lámh isteach ina póca le teann éadóchais agus bhain amach bosca milseán (ar ámharaí an tsaoil níor fhliuch an sáile iad), agus roinn orthu iad. Bhí ceann ann go baileach le haghaidh gach uile dhuine.

"Ach caithfidh sí féin duais a fháil, tá a fhios agaibh," arsa an Luch.

"Ar ndóigh," d'fhreagair an Dódó go sollúnta. Chas sé chuig Eilís ansin agus dúirt, "Cad eile atá i do phóca agat?"

"Níl agam ach méaracán," arsa Eilís go brónach.

"Sín chugamsa é," dúirt an Dódó.

Ansin chruinnigh siad uile ina timpeall uair amháin eile agus bhronn an Dódó an méaracán go sollúnta ar Eilís agus é á rá, "Impímid ort go nglacfá leis an méaracán cuanna seo." Nuair a chríochnaigh sé an óráid ghearr sin, lig siad uile gáir mholta.

Cheap Eilís gurbh áiféiseach an rud uile, ach bhí cuma chomh tromchúiseach ar gach uile dhuine nach raibh de dhánacht inti gáire a dhéanamh. Ós rud é nach raibh sí in ann smaoineamh ar rud ar bith a déarfadh sí, ní dhearna sí ach umhlú agus glacadh leis an méaracán agus dreach chomh sollúnta uirthi agus ab fhéidir.

Ithe na milseán an chéad rud eile; chuir sé sin tús le roinnt torainn agus mearbhaill, mar is amhlaidh a dúirt na héin mhóra nach bhféadfaidís a gceann féin a bhlaiseadh agus chuaigh na milseáin i bhfostú i scornach roinnt de na héin bheaga agus b'éigean iad a bhualadh ar an droim. Bhí na milseáin uile ite sa deireadh thiar thall agus shuigh siad síos i bhfáinne arís agus d'iarr siad ar an Luch rud éigin eile a insint dóibh.

"Gheall tú dom go n-inseofá do scéal féin dom, tá a fhios agat," a dúirt Eilís, "agus cén fáth ar fuath leat—C agus M," a dúirt sí de chogar freisin, mar bhí faitíos éigin uirthi go gcuirfeadh sí as don Luch arís.

"Is fada agus is brónach mo scéalsa!" a dúirt an Luch. Chas sí ar Eilís ansin agus lig sí osna dhomhain. "Is fada agus is brónach é agus tá ceacht le foghlaim as freisin. Ba chóir go dtuigfí mar pharabal é."

Bhí an oiread sin tochta i nglór na Luiche nuair a dúirt sí na focail dheireanacha sin, nach rómhaith a thuig Eilís iad. In áit "mar pharabal" shíl Eilís gur "mar earball" a dúirt sí. Chomh fada is a bhí an Luch ag insint a scéil, is mar seo a shamhlaigh Eilís é:—

"Dúirt Glamh
leis an luch
a bhuail leis
sa bhoth,
'Téimis beirt
chuig an gcúirt
go gcuirfead
dlí ort.—
Ná diúltaigh
mo riail;
ní mór
dom an
triail, nó
ar maidin
inniu
ní bheidh
romham
ach sos.'
'Chuig
an gcúirt
liom ní ,
raghair,'
arsa an
luch leis
an ngadhar,
'mar gan
breitheamh
gan choiste
ba dhíomhaoin
do chás.'
'Mise
breith-
eamh
is
coiste,'
a dúirt
Glamh
glic,
'Am-
baiste,
éist-
fead
an
chúis
is geobh-
airse
pian
bháis!'

"Níl tú ag éisteacht liom," a dúirt an Luch go dian le
hEilís. "Cad a bhfuil tú ag smaoineamh air?"

"Gabh mo leithscéal," a dúirt Eilís go han-uiríseal, "bhí tú fhad leis an gcúigiú lúb, is dóigh liom."

"Ná bí ag achrann," a dúirt an Luch go géar.

"An bhfuil achrann ann?" a dúirt Eilís agus í ag iarraidh a bheith úsáideach. "B'fhéidir go bhféadfainn an t-achrann a scaoileadh!"

"Ní fhéadfá ar chor ar bith!" a dúirt an Luch agus d'éirigh sí agus thug a bealach uirthi féin. "Maslaíonn tú mé le do chuid seafóide!"

"Ní in aon turas a bhí mé!" a dúirt Eilís bhocht go himpíoch, "Ach tá sé chomh héasca sin goilliúint ort, tá a fhios agat."

Níor thug an Luch freagra ar bith ach gnúsacht íseal.

"Tar ar ais le do thoil chun do scéal a chríochnú!" a ghlaoigh Eilís i ndiaidh na Luiche agus d'aontaigh gach uile dhuine léi agus ghlaoigh siad, "Is ea, tar ar ais!" ach ní dhearna an Luch ach a cloigeann a chroitheadh go mí-fhoighdeach agus géarú ar a siúl.

"Faraor nach bhfanfadh sí!" a dúirt an Phearóid le hosna nuair a bhí an Luch imithe as amharc; agus thapaigh Sean-phortán a deis le rá lena hiníon, "Arú, a thaisce, bíodh sé sin ina cheacht duit nach ceart do stuaim a chailleadh in aon uair!"

"Éist do bhéal, a mham!" a dúirt an Portán óg agus goimh ina glór, "Chuirfeása crua ar fhoighne oisre!"

"Faraor nach bhfuil Dineá anseo agam!" a dúirt Eilís agus gan í ag labhairt le duine ar bith faoi leith. "Thabharfadh sise an Luch ar ais!"

"Cé hé Dineá, mura miste leat mé á fhiafraí díot?" a dúirt an Phearóid.

"Is í Dineá an cat seo againne", a dúirt Eilís le fonn, mar bhíodh sí i gcónaí an-sásta labhairt le daoine faoina peata.

"Agus is ar éigin a shamhlófá a fheabhas is atá sí chun breith ar lucha! Agus is trua nach féidir leat í a fheiceáil sa tóir ar na héin! D'íosfadh sí éinín beag ní ba thapúla ná mar a déarfá scuit as sin!"

Is iontach an toradh a bhí ar an óráid sin ó Eilís i measc an chomhluadair. D'imigh cuid de na héin leo gan mhoill; thosaigh seansnag breac á fhilleadh féin go haireach agus dúirt, "Ba chóir dom filleadh abhaile; ní rómhaith a réitíonn aer an tráthnóna le mo scornach!" Ghlaoigh Canáraí de ghlór creathach lena pháistí, "Fágaigí seo, a thaiscí! Ba chóir daoibh bheith i bhur luí i bhfad ó shin." Is éagsúil na leithscéalta a bhí acu ach d'imigh siad uile agus níorbh fhada gur fágadh Eilís ina haonar.

"Is trua gur luaigh mé Dineá!" a dúirt sí léi féin go brónach. "Ní thaitníonn sí le haon duine thíos anseo, de réir dealraimh, agus táim cinnte gurb í an cat is fearr ar domhan í! A Dhineá, a chroí! Meas tú an bhfeicfidh mé arís go deo thú?" Agus ansin thosaigh Eilís ag caoineadh arís mar bhí an-uaigneas agus lagar spride uirthi. Tar éis tamaill, áfach, chuala sí trup íseal cos i bhfad uaithi agus d'fhéach sí suas go fonnmhar, mar bhí cineál dóchais aici gur tháinig an Luch ar mhalairt aigne agus go raibh sí ag teacht ar ais chun a scéal a chríochnú.

AN COINÍN AGUS LIAM BEAG

Ba é an Coinín Bán a bhí ann agus é ag filleadh de bhogshodar. Bhí sé ag féachaint go himníoch ina thimpeall amhail is dá mbeadh rud éigin caillte aige; chuala Eilís é ag monabhar leis féin agus ag rá, "An Bandiúc! An Bandiúc! Muise, muise, dar mo lapaí, dar m'fhionnadh agus m'fhéasóg! Féachfaidh sí chuige go mbásófar mé, chomh cinnte agus is firéid na firéid. Cár lig mé uaim iad ar chor ar bith, meas tú?" Thomhais Eilís láithreach gurbh iad na lámhainní bána agus an fean a bhí sé a thóraíocht, agus thosaigh sí go garúil á lorg ina timpeall ach ní raibh rian díobh le feiceáil in aon áit—chonacthas di gur athraigh gach rud ó bhí sí ag snámh sa linn. An halla mór, an bord gloine agus an doras beag, bhí siad imithe ar fad ar fad.

Níorbh fhada gur thug an Coinín Bán Eilís faoi deara agus í ag tóraíocht thart agus ghlaoigh sé uirthi go taghdach agus dúirt, "A Mháire Áine, cad atá tusa a dhéanamh amuigh anseo? Rith abhaile láithreach agus tabhair chugam péire lámhainní agus fean! Déan deifir!" Bhí an oiread sin eagla ar Eilís gur rith sí léi sa treo a thaispeáin sé di. Níor fhéach sí ar chor ar bith le míniú dó go raibh dul amú air.

"Thóg sé in amhlachas a chailín aimsire mé," a dúirt sí léi féin agus í ag rith. "Nach air a bheidh an t-iontas nuair a gheobhaidh sé amach cé mise dáiríre! Ach bheadh sé chomh maith dom na lámhainní agus an fean a thabhairt chuige— is é sin, má éiríonn liom iad a aimsiú." Nuair a dúirt sí na focail sin tháinig sí fhad le teach beag néata a raibh pláta lonrach práis ar a dhoras agus an t-ainm "P. Ó COINÍN" greanta air. Chuaigh sí isteach sa teach gan cnagadh ar an doras agus dheifrigh suas an staighre. Bhí imní uirthi go gcasfaí Máire Áine féin uirthi, agus go gcuirfeadh sí amach as an teach í, sula mbeadh na lámhainní is an fean faighte aici.

"Nach aisteach an scéal é," a dúirt Eilís léi féin, "gur ag déanamh teachtaireachtaí do choinín atáim! Is é an chéad rud eile a tharlóidh, is dócha, go gcuirfidh Dineá ar teachtair-eachtaí mé!" Agus thosaigh sí ag samhlú a dtarlódh: "'A Eilís, a chailín! Gabh i leith láithreach agus réitigh thú féin do do shiúlóid!' 'Beidh mé leat ar ball, a mháistreás, ach ní mór dom súil a choinneáil ar an bpoll luiche go bhfillfidh Dineá, ar eagla go dtiocfaidh an luch amach.' Ach ní dóigh liom," a dúirt Eilís, "go ligfí do Dhineá fanacht sa teach, dá dtosódh sí ag tabhairt orduithe do dhaoine mar sin!"

Faoin am sin is amhlaidh a bhí Eilís i seomra beag néata a raibh bord ag an bhfuinneog ann agus air sin (mar a bhí súil aici) fean agus a dó nó a trí de phéirí de lámhainní beaga bána; thóg sí an fean agus péire de na lámhainní agus bhí ag imeacht as an seomra nuair a thug sí faoi deara buidéal beag in aice an scátháin. Ní raibh lipéad air agus "ÓLTAR MÉ" scríofa air, ach bhain sí an corc de ina dhiaidh sin féin agus d'ardaigh an buidéal chuig a béal. "Is cinnte go dtarlaíonn ní spéisiúil," a dúirt sí léi féin, "gach uair a ithim nó a ólaim rud éigin; feicfidh mé mar sin cén bua atá sa bhuidéal seo. Tá súil agam go gcuirfidh sé ag fás mé arís, mar táim tuirseach de bheith i mo ruidín beag bídeach!"

Chuir an buidéal ag fás í go cinnte agus ní ba luaithe ná mar a bhí súil aici. Sula raibh leath an bhuidéil ólta aici, bhraith sí a cloigeann ag brú in éadan na síleála, agus bhí uirthi cromadh ionas nach mbrisfí a muineál. Leag sí an buidéal uaithi gan mhoill agus "Sin é mo leordhóthain—" a dúirt sí léi féin, "tá súil agam nach bhfásfaidh mé a thuilleadh—faoi mar atá an scéal, ní féidir liom dul amach tríd an doras—is trua gur ól mé an oiread sin!"

Monuar! Bhí sé ródhéanach aici an méid sin a rá! Lean sí uirthi ag fás agus ag fás, agus ar ball beag bhí uirthi dul síos ar a glúine ar an urlár: nóiméad eile agus nach raibh spás aici chun é sin a dhéanamh fiú agus d'fhéach sí le luí ar an urlár, leathuillinn léi in aghaidh an dorais agus an uillinn eile timpeall a cloiginn. Lean sí uirthi ag fás, agus nuair nach raibh an dara rogha aici, sháigh sí leathlámh amach ar an bhfuinneog agus leathchos suas an simléar. "Ní féidir liom a thuilleadh a dhéanamh," a dúirt sí léi féin. "Is cuma cad a tharlóidh. Cén deireadh a bheidh orm?"

Ar ámharaí an tsaoil bhí lánéifeacht an bhuidéilín imithe i bhfeidhm uirthi faoi sin agus níor fhás sí ní ba mhó: bhí sé an-mhíchompordach mar sin féin, agus ó thuig sí gur bheag an seans di éalú as an seomra arís, bhí an-imní uirthi.

"Ba dheise i bhfad an saol sa bhaile," a smaoinigh Eilís, "nuair nach mbínnse i gcónaí ag méadú nó ag laghdú, agus

ag fáil orduithe ó lucha agus ó choiníní. Is trua liom ar shlí go ndeachaigh mé síos an poll coinín riamh—ach—ach—is aisteach an rud é, tá a fhios agat, an cineál seo saoil! Ní thuigim ón talamh aníos cad a bhain dom! Nuair a léinnse scéalta sí, shamhlaínn nach dtarlaíodh a leithéidí ar an saol, ach seo anois mé i lár scéal draíochta de mo chuid féin! Ba chóir leabhar a scríobh fúm, ba chóir sin! Nuair a fhásfaidh mé suas is ea a scríobhfaidh mé an leabhar céanna—ach táim fásta suas anois," a dúirt sí go brónach: "ar aon chuma, níl spás ar bith anseo le fás suas tuilleadh."

"Ach," ar sise léi féin, "an éireoidh mé pioc níos sine ná mar atá mé anois? Ba chúis áthais é sin ar bhealach—ní bheidh mé i mo sheanbhean go brách—ach ar an taobh eile—beidh ceachtanna le foghlaim agam go deo na ndeor! Och, ba bhocht liom é sin!"

"A Eilís, a óinseach!" a dúirt sí á freagairt féin, "Cén chaoi arbh fhéidir leat ceachtanna a fhoghlaim istigh anseo? Is ar éigean atá áit ann duitse gan a bheith ag caint ar leabhair scoile!"

Lean sí uirthi mar sin, ag argóint ar thaobh amháin seal agus ar an taobh eile seal, agus is maith an comhrá a bhí aici léi féin; ach tar éis cúpla nóiméad chuala sí torann beag lasmuigh agus stad sí den chaint go gcuirfeadh sí cluas uirthi féin.

"A Mháire Áine! A Mháire Áine!" a dúirt an glór, "Tabhair chugam mo lámhainní láithreach bonn baill!" Chuala sí lapaireacht éadrom cos ar an staighre. Bhí a fhios ag Eilís gurbh é an Coinín é ag teacht á tóraíocht, agus tháinig creathnú uirthi go dtí gur chroith sí an teach. Bhí dearmad déanta aici go raibh sí thart ar mhíle uair níos mó ná an Coinín, agus nár ghá di mar sin faitíos a bheith uirthi roimhe.

Tháinig an Coinín aníos chuig an doras gan mhoill agus d'fhéach le n-é a oscailt; ach ós rud é gur isteach a d'osclaíodh an doras agus ós rud é go raibh uillinn Eilíse brúite go daingean ina aghaidh, níor éirigh lena iarracht. Chuala Eilís é á rá, "Rachaidh mé timpeall agus tiocfaidh mé isteach ar an bhfuinneog."

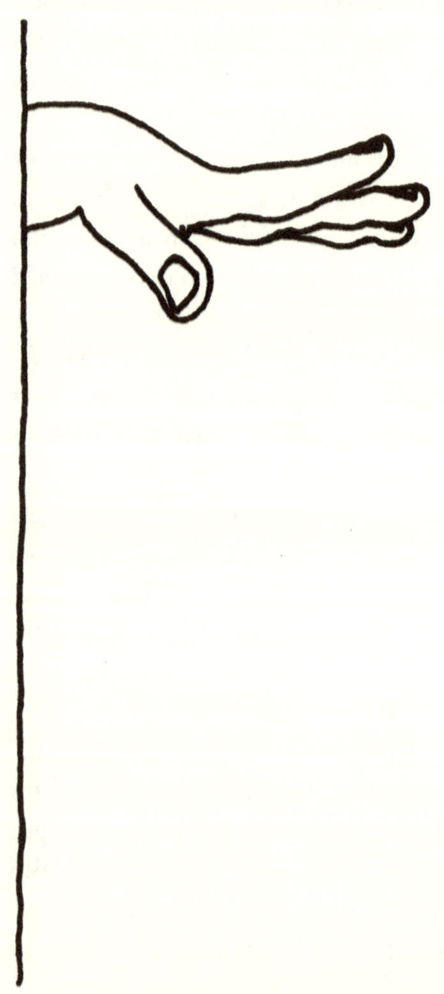

"Sin rud nach ndéanfaidh tú!" a dúirt Eilís léi féin. Tar éis tamaill shamhlaigh sí gur chuala sí an Coinín go díreach faoi bhun na fuinneoige. Ansin d'oscail sí amach a lámh go tobann agus rinne snap san aer. Níor rug sí ar aon rud ach chuala sí scréach bheag agus rud éigin ag titim, agus torann gloine ag briseadh. Thuig Eilís as sin gur dócha gur thit sé isteach i bhfráma cúcamar nó a leithéid.

An chéad rud eile chuala sí guth feargach—guth an Choinín—"A Pheait! A Pheait! Cá bhfuil tú?" Agus ansin chuala sí guth nár airigh sí riamh cheana, "Muise, is anseo atáim! Is ag baint úll as an talamh atáim, a dhuine uasail!"

"Ag baint úll as an talamh, go deimhin!" a dúirt an Coinín go colgach, "Gabh i leith! Agus tabhair cúnamh dom fáil amach as seo!" (Chualathas tuilleadh gloine ag briseadh.)

"Anois, a Pheait, cad é sin san fhuinneog?"

"Muise, is lámh atá ann, a dhuine uasail!"

"Lámh, a ghamail! Cé a chonaic lámh riamh a bhí chomh mór léi siúd? Tá an fhuinneog uile líonta aici!"

"Tá, cinnte, a dhuine uasail: ach is lámh í ina dhiaidh sin féin."

"Bhuel, ba chóir di gan a bheith ann ar chor ar bith; imigh agus tabhair chun siúil í!"

Bhí ciúnas fada ina dhiaidh sin, agus ní chloiseadh Eilís ach siosarnaíl ó am go ham: "Muise, ní maith liom é ar chor ar bith bith, a dhuine uasail!" cuir i gcás, agus "Déan mar a deirimse leat, a mheatacháin." Sa deireadh thiar spréigh sí amach a lámh arís agus rinne snap eile san aer. Dhá scréach bheaga a chualathas an babhta sin agus tuilleadh gloine ag briseadh. "Is iomaí fráma cúcamar atá acu, ní foláir," a smaoinigh Eilís. "Meas tú céard é an chéad rud eile a dhéanfaidh siad! Maidir le mise a tharraingt tríd an bhfuinneog, faraor nach féidir leo é sin! Táim siúráilte nach bhfuilim ag iarraidh fanacht anseo a thuilleadh!"

D'fhan sí tamall fada gan rud ar bith eile a chloisteáil: sa deireadh tháinig cleatráil rothaí beaga cairte agus a lán guthanna ag caint in éineacht. Seo iad na focail a thuig sí: "Cá bhfuil an dréimire eile?—Arú, ní raibh ormsa ach ceann amháin a thabhairt; is ag Liam atá an ceann eile—A Liam! Tabhair anseo é, a mhic!—Seo, cuir suas ag an gcoirnéal seo iad—Ní hea, ceangail le chéile iad ar dtús—Ní théann siad sách fada suas go fóill—Muise, tá siad ceart go leor; ná bí chomh mionchúiseach—Seo, a Liam! Beir ar an téad seo—An mbeidh an díon sách láidir?—Seachain, tá an

scláta úd ar bogadh—Tá sé ag teacht anuas! Tugaigí aire thíos ansin!" (rud ag titim le plimp)— "Cé a rinne é sin?—Ba é Liam é, is dóigh liom—Cé a rachaidh síos an simléar?—Ní mise a rachaidh! Téigh tusa!—Ní rachad, ná baol orm!—Is é Liam a rachaidh síos— Hóra, a Liam! Deir an Máistir gur tusa a rachaidh síos an simléar!"

"Is é Liam a chaithfidh teacht anuas an simléar, arb é?" a dúirt Eilís léi féin. "Bíonn ar Liam bocht gach rud a dhéanamh! Níor mhaith liom a bheith in áit Liam, dá bhfaighinnse Éirinn gan roinnt; is cúng an tinteán seo go deimhin; ach is dóigh liom gur féidir liom ciceáil beagán!"

Tharraing sí a cos chomh fada anuas an simléar agus ab fhéidir léi, agus d'fhan sí gur airigh sí ainmhí beag éigin (ní fhéadfadh sí tomhais cén cineál a bhí ann) ag scríobadh agus ag corraí in aice léi in airde sa simléar: ansin "Seo é Liam," a dúirt sí léi féin agus thug sí cic tréan agus d'fhan go gcloisfeadh sí cad a tharlódh.

An chéad rud eile a chuala sí coigeadal guthanna ag béiceadh "Sin é Liam!" agus ansin guth an Choinín leis féin—"Beir air, tusa in aice an chlaí!" ansin ciúnas, agus ansin meascán mearaí de ghlórtha—"Coinnigh a chloigeann suas—Tabhair an branda dó anois—Ná tacht é leis—Conas a bhí sé, a dheartháir? Cad a bhain duit? Inis dúinn faoi!"

Chualathas glór beag caol ansin ("Sin é Liam," a smaoinigh Eilís) "Muise, is ar éigean atá a fhios agam—Níl tuilleadh uaim, go raibh maith agaibh; tá biseach orm anois—ach táim róshuaite le hinsint daoibh—Dheamhan a bhfuil a fhios agam ach gur thug rud fúm mar a bheadh giocsaí i mbosca, agus in airde liom ansin mar a bheadh tine ealaíne!"

"Chuaigh tú in airde, cinnte, a bhuachaill!" a dúirt na glórtha eile.

"Ní mór dúinn an teach a loscadh go talamh!" a dúirt glór an Choinín; agus ghlaoigh Eilís in ard a gutha amach, "Má loisceann sibh an teach, déanfaidh mise Dineá a shaighdeadh ionaibh!"

Ní raibh focal as aon duine. "Meas tú," a dúirt Eilís léi féin, "cad é an chéad rud eile a dhéanfaidh siad? Dá mbeadh ciall ar bith acu, bhainfidís an ceann den teach." Tar éis nóiméid nó dhó, thosaigh siad ag bogadh timpeall arís agus chuala Eilís an Coinín á rá, "Is leor lán an bhara ar dtús."

"Cad a bheidh sa bhara?" a d'fhiafraigh Eilís di féin. Ach ní i bhfad a bhí sí in aineolas: an chéad rud eile tháinig cith de phúróga beaga ag cleatráil isteach ar an bhfuinneog, agus bhuail cuid acu san aghaidh í. "Cuirfidh mé deireadh leis seo," a dúirt sí léi féin agus ghlaoigh sí amach os ard, "Bheadh sé chomh maith agaibh gan é sin a dhéanamh arís!" agus bhí gach uile dhuine ina thost.

Bhí iarracht d'iontas ar Eilís nuair a chonaic sí go raibh na púróga ag claochlú go cístí beaga ar an urlár. Tháinig smaoineamh maith isteach ina ceann. "Má ithim ceann de na cístí sin," a smaoinigh sí, "is cinnte go n-athróidh sé mo mhéid; agus ós rud é nach féidir leis mé a mhéadú, laghdóidh sé mé, is dóigh liom."

Shlog sí ceann de na cístí, agus nach uirthi a bhí an ríméad nuair a mhothaigh sí gur ag laghdú a bhí sí láithreach bonn! A thúisce is a bhí sí sách beag le dul tríd an doras, rith sí amach as an teach, agus fuair sí slua mór d'ainmhithe beaga

agus d'éin bheaga ag fanacht lasmuigh. Bhí Liam, an t-earc luachra bocht, i lár báire, agus bhí dhá mhuc ghuine á choinneáil suas agus ag tabhairt rud éigin as buidéal dó. Thug siad go léir fogha faoi Eilís nuair a tháinig sí ar a n-amharc; ach thug sise do na boinn é chomh tapa agus ab fhéidir léi agus níorbh fhada go raibh sí go slán sábháilte i gcoill thiubh.

"Is é an chéad rud a chaithfidh mé a dhéanamh," a dúirt Eilís léi féin agus í ag fánaíocht timpeall sa choill, "fás go mbeidh mo mhéid cheart agam arís; agus an dara rud mo bhealach a fháil isteach sa ghairdín álainn sin. Sin é an plean is fearr, is dóigh liom."

Bhí an plean ar fheabhas, gan amhras, agus leagtha amach go néata simplí; ach ba é oighear an scéil nach raibh tuairim dá laghad aici conas tabhairt faoi; agus fad is a bhí sí ag gliúcaíocht timpeall go himníoch i measc na gcrann, chuala sí tafann beag géar go díreach os a cionn agus d'fhéach sí suas ar an bpointe.

Bhí coileán madra ollmhór ag breathnú anuas uirthi lena shúile móra cruinne, agus ag síneadh amach lapa go lagáiseach chun go dteagmhódh sé léi. "A rud beag bocht!" a dúirt Eilís go plámásach, agus d'fhéach sí le fead a ligean leis; ach bhí eagla mhór uirthi an t-am go léir go mb'fhéidir go raibh ocras ar an gcoileán. Más amhlaidh a bhí, ba é ba dhóichí go sloigfeadh sé í in ainneoin a cuid plámáis.

Is ar éigean a bhí a fhios aici cad a bhí ar siúl aici ach thóg sí maide beag gur shín sí amach chuig an gcoileán é; léim an coileán dá chosa san aer leis sin, lig sceamh áthais as, thug fogha faoin maide agus lig air féin gur á chroitheadh a bhí sé; chuaigh Eilís ansin ar chúl feochadáin mhóir, chun a chinntiú nach siúlódh an madra uirthi; agus a thúisce is a tháinig sí amach ar an taobh eile den fheochadán, thug an coileán fogha eile faoin maide, agus d'iompaigh sé bunoscionn le deifir chun breith air. Cheap Eilís gurbh ionann é sin agus a bheith ag spraoi le capall cairte, agus ó bhí faitíos uirthi go satlódh an coileán faoina chosa í, rith sí ar chúl an fheochadáin arís. Ansin thosaigh an coileán sraith de ráigeanna ruathair in aghaidh an mhaide, ag rith beagán chun tosaigh agus ansin i bhfad ar gcúl, agus é ag tafann gan staonadh go cársánach. Sa deireadh, áfach, shuigh sé síos achair maith uaithi agus saothar air, a theanga ar crochadh amach as a bhéal agus a dhá shúil mhóra leathdhúnta aige.

Chonacthas d'Eilís ansin gur iontach an deis a bhí ann éalú uaidh agus thug sí do na boinn é gan mhoill. Rith sí go raibh tuirse agus saothar uirthi agus go raibh tafann an choileáin an-lag i bhfad uaithi.

"Ach nár mhuirneach an coileáinín é!" a dúirt Eilís, agus í ag baint taca as camán ime chun a scíth a ligean agus í á fionnuarú féin le ceann de na duilleoga. "Ba bhreá liom cleasa a mhúineadh dó, dá—dá mbeadh an mhéid cheart ionam chun é a dhéanamh. A mhuiricín! Is beag nár dhearmad mé gur ghá dom fás suas arís! Fan go bhfeice mé—conas is féidir liom é sin a chur i gcrích? Is dócha go mba chóir dom rud éigin a ithe nó a ól; ach cén rud?—sin í an cheist mhór."

Cén rud? B'shin í an cheist mhór gan amhras. D'fhéach Eilís ina timpeall ar na bláthanna agus na tráithníní féir ach ní fhaca sí aon ní ar chosúil é le rud maith le hithe nó le hól i láthair na huaire. Bhí muisiriún mór ag fás in aice léi, ar aon airde léi féin mórán; tar éis di breathnú faoi, agus ar gach aon taobh de, rith sé léi go mb'fhéidir nár mhiste di feiceáil cad a bhí ar a bharr.

Chuaigh sí suas ar bharr a méar, agus d'fhéach thar chiumhais an mhuisiriúin. Leag sí a dhá súil láithreach ar shúile Speig Neanta mhór ghorm, a bhí ina suí ar a bharr, a lámha thar a chéile agus é ag caitheamh tobac go ciúin as húca fada, gan aird ar bith aige uirthise nó ar rud ar bith eile.

CAIBIDIL V

COMHAIRLE ÓN SPEIG NEANTA

D'fhéach an Speig Neanta agus Eilís ar a chéile ar feadh tamaill gan focal as ceachtar acu: bhain an Speig Neanta an húca as a bhéal sa deireadh gur labhair léi go spadánta sámh.

"Cé tusa?" a dúirt an Speig Neanta.

Ba bheag misneach a chuir tús a chomhrá ar Eilís. D'fhreagair sí an Speig Neanta beagán cúthail agus dúirt, "Is—is ar éigean atá a fhios agam féin i láthair na huaire, a dhuine uasail—ar a laghad tá a fhios agam cé a bhí ionam nuair a d'éirigh mé ar maidin inniu, ach is dóigh liom gur athraíodh mé roinnt uaireanta ina dhiaidh sin."

"Cad atá tú a rá?" a dúirt an Speig Neant go dian. "Mínigh thú féin!"

"Tá faitíos orm, a dhuine uasail, "nach féidir liom mé féin a mhíniú," a dúirt Eilís, "mar ní mise mé féin, an bhfeiceann tú?"

"Ní fheicim," a dúirt an Speig Neanta.

"Tá faitíos orm nach féidir liom an scéal a léiriú níos fearr ná é sin," a d'fhreagair Eilís go han-mhúinte, "mar ní thuigim féin ar dtús é; agus is cúis mearbhaill do dhuine a lán méideanna éagsúla a bheith aige in aon lá amháin."

"Ní fíor sin," a dúirt an Speig Neanta.

"Bhuel, b'fhéidir nach cúis mearbhaill duitse an scéal fós," a dúirt Eilís, "ach fan go n-athróidh tú go crisilid—beidh ort sin a dhéanamh lá éigin, tá a fhios agat—agus go féileacán ina dhiaidh sin, braithfidh tú beagán aisteach é, nach dóigh leat?"

"Ní dóigh liom é ar chor ar bith," a dúirt an Speig Neanta.

"Bhuel, b'fhéidir go bhfuil tusa éagsúil liomsa i do chroí istigh," a dúirt Eilís, "ach deirimse leat go mbraithfinnse fíoraisteach é."

"Tusa!" a dúirt an Speig Neanta le teann dímheasa. "Cé thusa?"

Thug sé sin ar ais go dtí tosach an chomhrá iad. B'olc le hEilís go raibh an Speig Neanta ag labhairt chomh borb sin léi, agus tharraing sí í féin aníos agus dúirt go trom-chúiseach, "Is dóigh liom, gur cheart duit a insint dom ar dtús cé thusa féin."

"Cén fáth?" a dúirt an Speig Neanta.

B'shin cruacheist eile; agus toisc nach raibh freagra maith ar bith ag Eilís, agus toisc gur ainmhí fíorchancrach a bhí sa Speig Neanta, de réir dealraimh, chas sí chun siúil.

"Tar ar ais!" a ghlaoigh an Speig Neanta ina diaidh. "Tá rud tábhachtach agam le rá leat!"

Bhí cosúlacht mhaith air sin, go deimhin: chas Eilís agus tháinig sí ar ais.

"Ná caill do stuaim," a dúirt an Speig Neanta.

"An é sin a bhfuil?" a dúirt Eilís, ag slogadh a cuid feirge chomh maith agus a d'fhéad sí.

"Ní hé," a dúirt an Speig Neanta.

Cheap Eilís go mbeadh sé chomh maith aici fanacht, mar ní raibh dada eile le déanamh aici, agus b'fhéidir tar éis an tsaoil go n-inseodh sé rud éigin di ab fhiú a chloisteáil. Chaith sé a húca ar feadh roinnt nóiméad gan dada a rá, ach sa deireadh bhain sé an húca as a bhéal arís agus dúirt, "Is amhlaidh a cheapann tú gur tháinig athrú ort, an ea?"

"Tá faitíos orm go bhfuil mé athraithe, a dhuine uasail," a dúirt Eilís. "Ní féidir liom cuimhneamh ar rudaí mar a dhéanainn roimhe seo—agus ní fhanaim ag an aon mhéid deich nóiméad as a chéile."

"Cad iad na rudaí nach féidir leat cuimhneamh orthu?" a dúirt an Speig Neanta.

"Bhuel, rinne mé iarracht '*Féach mar a ghléasann an bheach bheag mhín*' a rá, ach tháinig sé uile amach mícheart," a dúirt Eilís go gruama.

"Abair, '*Athair Liam*'," a dúirt an Speig Neanta.

D'fhill Eilís a lámha agus thosaigh ag aithris:—

"Athair Liam," dúirt a mhac, "tá tú ársa 'gus críon,
's is liath do chuid gruaige le haois.
Ar do cheann a bhíonn tú 'do sheasamh de shíor.
An cuí duit a leithéid de bhaois?"

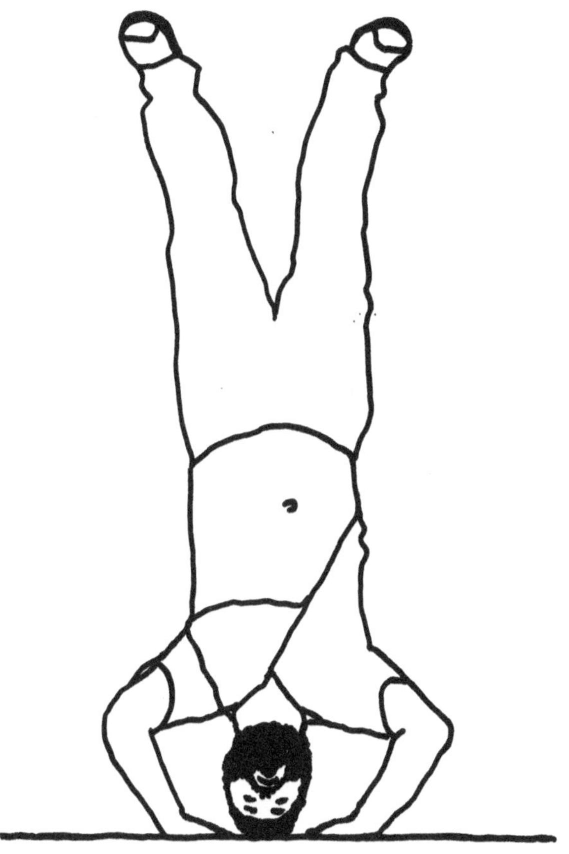

"I m'óige," a dúirt sé, "bhíodh eagla ar mo chroí
go loitfinnse m'inchinn go brách;
ach is léir dom anois nach bhfuil inchinn im blaosc,
mar sin déanaim é gach uile lá."

"Tá tú sean," dúirt a mhac, "is má labhraím go beacht,
  is uafásach ramhar ataoi,
ach dheinis cleas cuaille an doras isteach.
  An féidir leat insint cén chaoi?"

"I m'óige," a dúirt sé agus chroith a cheann bán,
  "choinnínnse solúbtha mo ghéaga
leis an sárungadh seo, dhá scilling an stán—
  an ndíolfaidh mé ceann duit nó péire?"

"Tá tú sean," dúirt an t-ógfhear, "'s is rólag do chár
  d'aon rud is crua ná geir,
ach d'ith tú an ghé idir ghob agus chnámh.
  Abair conas a dheinis an mheilt!"

Dúirt sé "I m'óige is ea chuaigh mé le dlí
  is phléinn le mo bhean 'chuile chás.
Thug sé sin do mo ghialla fuinneamh is brí
  a d'fhan agam riamh anall."

"Tá tú sean," dúirt a mhac, "is ní mheasfainn aon phioc
den daingne a bheadh i do shúile,
ach chothromaís eascann go beacht ar do smut.
Cad a thug duit an oiread sin stuaime?"

"Trí cheist a d'fhreagair mé. Sin é mo sháith,"
duirt an t-athair, "is cuir uait an gus.
An dócha gur féidir liom éisteacht go lá?
Beir as tú nó brisfead do phus!"

"Ní dúirt tú é sin i gceart," a dúirt an Speig Neanta.

"Ní ar fad ar fad, tá eagla orm," a dúirt Eilís, go faiteach. "Athraíodh cuid de na focail."

"Tá sé bunoscionn ó thús deireadh," a dúirt an Speig Neanta go daingean, agus bhí tost ann ar feadh cúpla nóiméad.

Ba é an Speig Neanta ba thúisce a labhair.

"Cén mhéid is mian leat?" a d'fhiafraigh sé.

"Muise, is cuma liom faoin méid," a d'fhreagair Eilís go deifreach. "Níl ann ach gurbh fhearr liom gan athrú chomh minic sin, tá a fhios agat."

"Níl a fhios agam," a dúirt an Speig Neanta.

Ní dúirt Eilís dada: níor easaontaíodh léi chomh minic céanna riamh roimhe sin agus bhraith sí gur ag dul chun feirge a bhí sí.

"An bhfuil tú sásta leat féin anois?" a dúirt an Speig Neanta.

"Bhuel, b'fhearr liom a bheith beagán ní ba mhó, a dhuine uasail, murar mhiste leat," a dúirt Eilís. "Is bocht ainnis an airde í trí orlach."

"Is rímhaith an airde í go deimhin!" a dúirt an Speig Neanta go feargach, á ardú féin colgdhíreach le linn na cainte sin (trí orlach ar airde a bhí sé go baileach).

"Ach nílimse cleachtach leis!" a dúirt Eilís go truamhéalach. "Is mairg na dúile seo a bheith chomh goilliúnach sin!" a dúirt sí léi féin.

"Éireoidh tú cleachtach leis sa deireadh," a dúirt an Speig Neanta agus chuir sé an húca ar ais ar a bhéal agus thosaigh á chaitheamh arís.

D'fhan Eilís go foighneach go dtoileodh sé labhairt arís. Tar éis nóiméid nó dhó bhain an Speig Neanta an húca amach as a bhéal, rinne méanfach uair nó dhó agus bhain searradh as féin. Shleamhnaigh sé den mhuisiriún ansin agus shnámh leis isteach san fhéar, agus ní dúirt sé san imeacht dó ach "Méadóidh taobh amháin thú agus laghdóidh an taobh eile thú."

"Cé na taobhanna?" a d'fhiafraigh Eilís di féin.

"Taobhanna an mhuisiriúin," a dúirt an Speig Neanta, amhail is dá bhfiafródh sí os ard é; agus i nóiméad eile bhí sé imithe.

D'fhan Eilís ag breathnú go smaointeach ar an muisiriúin ar feadh tamaill, agus í ag iarraidh déanamh amach cá raibh an dá thaobh. Cruth ciorcail a bhí sa mhuisiriún agus mar sin níorbh fhéidir léi an cheist a fhreagairt. Sa deireadh, áfach, shín sí a lámha timpeall an mhuisiriúin chomh fada agus a chuaigh siad, agus bhain píosa den chiumhais le gach aon lámh.

"Anois cé na taobhanna iad?" a dúirt sí léi féin, agus chreim sí beagán den phíosa ina lámh dheas le go bhfeicfeadh sí an toradh a bheadh air. An chéad rud eile d'airigh sí buille trom faoina smig: bhí a smig tar éis a cos a bhualadh!

Scanraigh an t-athrú tobann go mór í. Bhraith sí nach raibh am ar bith le cailleadh, mar bhí sí ag crapadh chomh tapa sin; thosaigh sí mar sin ag ithe beagán den phíosa eile. Bhí a smig brúite go teann in aghaidh a coise agus is ar éigean a bhí spás aici a béal a oscailt: ach d'éirigh léi ar deireadh, agus shloig sí beagán den phíosa ina lámh chlé.

*   *   *   *   *

*   *   *   *

*   *   *   *   *

"Féach, tá mo chloigeann saor sa deireadh!" a dúirt Eilís agus ríméad uirthi. Ach rinneadh imní dá háthas go luath, nuair nach bhfaca sí a guaillí in aon áit. D'fhéach sí síos ach ní fhaca sí ach fad ollmhór muiníl agus é ag éirí mar a bheadh gas amach as lear duilleog glas i bhfad thíos.

"Cad é an stuif glas sin uile?" a dúirt Eilís. "Agus cár imigh mo ghuaillí? Och, a lámha bochta, cén fáth nach bhfeicim sibh?" Bhí sí á gcorraí le linn na cainte, ach ní fhaca sí toradh ar bith air sin ach croitheadh éigin i measc na nduilleog glas i bhfad síos.

Toisc nach go bhféadfadh sí a lámha a chur aníos chuig a ceann de réir dealraimh, d'fhéach sí lena ceann a chur síos go dtí iad, agus nach uirthi a bhí an t-áthas nuair a fuair sí amach go lúbfadh a muineál go héasca treo ar bith ar nós nathair nimhe. D'éirigh léi a ceann a lúbadh anuas ina fhiarlán grástúil. Bhí sí ansin ar tí tumadh i measc na nduilleog, a bhfuair sí amach fúthu nár dhada iad ach duilliúr na gcrann a raibh sí roimhe sin ag súil timpeall faoina mbun, nuair a bhain siosarnach ghéar geit aisti agus chúb sí go deifreach: bhí colúr mór tar éis eitilt isteach in éadan Eilíse, agus bhí sé á bualadh go fíochmhar lena sciatháin.

"Nathair nimhe!" a dúirt an Colúr de scread.

"Ní nathair nimhe mé!" a dúirt Eilís le teann míshásaimh. "Lig dom!"

"Nathair nimhe, a deirimse arís!" a dúirt an Colúr den dara huair, ach beagán ní b'ísle, agus le snag ina glór dúirt sí, "Bhain mé triail as gach aon bhealach, ach ní shásaíonn rud ar bith iad, de réir cosúlachta."

"Níl tuairim dá laghad agam céard a bhfuil tú ag caint faoi," a dúirt Eilís.

"Bhain mé triail as fréamhacha crann, as bruacha agus as fálta," a dúirt an Colúr ag leanúint dá scéal, gan aon aird a thabhairt ar Eilís; "ach na nathracha nimhe sin. Ní féidir iad a shásamh!"

Bhí mearbhall Eilís ag dul i méad i gcónaí, ach cheap sí nárbh fhearr rud a dhéanfadh sí ná fanacht ina tost go mbeadh caint an Cholúir críochnaithe.

"Nach bhfuil mo dhóthain trioblóide agam le gor na n-uibheacha," a dúirt an Colúr, "gan a bheith ag faire amach do nathracha nimhe de ló agus d'oíche! Féach, níor chodail mé néal le trí seachtaine!"

"Is bocht liom do chrá croí," a dúirt Eilís, mar bhí sí ag tosú ag tuiscint an scéil.

"Agus ní túisce a roghnaigh mé an crann is airde sa choill," a dúirt an Colúr ag leanúint uirthi agus ag ardú a glór go scréach, "agus ní túisce a cheap mé go mbeinn saor uathu sa deireadh, ná is gá dóibh teacht ag snámh anuas as an spéir! Och! Nathair nimhe!"

"Ach ní nathair nimhe mé ar chor ar bith!" a dúirt Eilís, "Níl ionamsa ach—ach—"

"Cad atá ionat?" a dúirt an Colúr. "Is léir dom gur ag iarraidh rud éigin a chumadh atá tú!"

"Cailín beag atá ionam," a dúirt Eilís beagán amhrasach, agus í ag cuimhneamh ar na hathruithe uile a tháinig uirthi an lá sin.

"Sin scéal nach bhfuil cuma ná caoi air!" a dúirt an Colúr le teann drochmheasa. "Is iomaí sin cailín beag a chonaic mé le mo linn, ach ní fhaca mé ceann riamh a raibh muineál mar sin uirthi! Ní hea, ní hea! Is nathair nimhe thú: agus níl aon mhaith duit é a shéanadh. Is dócha go ndéarfaidh tú liom ar ball nár bhlais tú ubh ar bith riamh!"

"Bhlais mé uibheacha roimhe seo, cinnte," a dúirt Eilís, mar b'fhírinneach macánta an cailín beag í. "Itheann na cailíní beaga an oiread uibheacha agus a itheann na nathracha nimhe, tá a fhios agat."

"Ní chreidim é," a dúirt an Colúr; "ach má itheann, is cineál nathracha nimhe iad, sin a bhfuil le rá agamsa."

Bhí an tuairim sin chomh nua d'Eilís, gur fhan sí ina tost ar feadh nóiméid, rud a thug an deis don Cholúr a rá freisin, "Is ag tóraíocht uibheacha atá tú, táim cinnte de sin; agus nach mar a chéile domsa é cé acu cailín beag nó nathair nimhe thú?"

"Ní mar a chéile domsa é," a dúirt Eilís go deifreach, "ach ní ag tóraíocht uibheacha atáim, mar a tharlaíonn; agus dá mbeinnse á dtóraíocht, ní bheadh do chuidse uibheacha uaim: ní maith liom iad amh."

"Bhuel, imigh leat, mar sin!" a dúirt an Colúr agus pus uirthi, agus shoiprigh sí í féin arís ina nead. Chrom Eilís síos i measc na gcrann chomh maith agus a d'fhéad sí, mar théadh a muineál in achrann sna craobhacha, agus bhíodh uirthi stopadh agus é a réiteach. Tar éis tamaill chuimhnigh sí go raibh píosaí an mhuisiriúin ina lámha go fóill, agus thosaigh sí ag obair go han-airdeallach, ag creimeadh píosa amháin seal agus an phíosa eile seal eile, agus ag fás nóiméad amháin agus ag laghdú nóiméad eile, go dtí gur éirigh léi í féin a thabhairt anuas go dtí a gnáthairde.

Bhí sé chomh fada sin ó bhí a méid cheart inti nó rud ba chosúil léi, gur airigh sí an-aisteach ar dtús; ach d'éirigh sí cleachtach leis tar éis cúpla nóiméad, agus thosaigh sí ag caint léi féin mar ab iondúil léi. "Féach, tá leath mo phlean curtha i gcrích agam anois! Nach mór an crá croí iad na hathruithe seo go léir! Ní bhím cinnte ó nóiméad amháin go nóiméad eile cad a bheidh ionam! Ach fuair mé mo sheanmhéid ar ais: an chéad rud eile fáil isteach sa ghairdín álainn sin—conas is féidir sin a dhéanamh, meas tú?" Nuair a bhí sí á rá sin tháinig sí ar réiteach sa choill, agus teach beag ann a bhí thart ar ceithre troithe ar airde. "Cibé duine atá ina chónaí sa teach sin," a smaoinigh Eilís, "ní dhéanfaidh sé cúis dom teacht air sa mhéid seo: mhuise, scanróinn ina chraiceann é." Mar sin thosaigh sí ag creimeadh píosa na láimhe deise arís, agus ní dheachaigh sí i ngiorracht don teach gur thug sí í féin síos go dtí naoi n-orlach nó mar sin.

CAIBIDIL VI

PIOBAR AGUS MUC

D'fhan sí ag féachaint ar an teach go ceann cúpla nóiméad agus í ag fiafraí di féin cad ba chóir di a dhéanamh. Go tobann rith giolla gléasta i libhré amach as an gcoill (cheap sí gur giolla a bhí ann toisc libhré a bheith air: mura measfaí é, áfach, ach ar a aghaidh amháin, déarfaí gur iasc a bhí ann)—agus bhuail go tréan lena ailt ar an doras. Bonnaire eile i libhré a d'oscail é, aghaidh chruinn agus súile móra ar nós froig a bhí air siúd; agus thug Eilís faoi deara go raibh peiriúicí catacha púdracha ar chloigeann na beirte. Bhí an-fhiosracht uirthi le fáil amach cad a bhí ar bun acu agus shleamhnaigh sí as an gcoill beagán le héisteacht leo.

Ba é an Giolla Éisc ba thúisce a labhair nuair a bhain sé amach faoina ascaill litir a bhí beagnach ar aon mhéid leis féin, agus shín chuig an ngiolla eile í á rá go sollúnta, "Chuig an mBandiúc. Cuireadh ón mBanríon chun cluiche cróice a imirt." Dúirt an Giolla Froig é sin arís chomh sollúnta céanna ach d'athraigh sé na focail beagán: "Ón mBanríon. Cuireadh chuig an mBandiúc chun cluiche cróice a imirt."

D'umhlaigh siad beirt go híseal ansin, agus chuaigh a gcuid gruaige cataí in achrann ina chéile.

Bhain sé sin an oiread gáire as Eilís, go raibh uirthi rith ar ais isteach sa choill ar eagla go gcloisfí í. Nuair a d'fhéach sí arís bhí an Giolla Éisc imithe, agus bhí an fear eile ina shuí ar an talamh in aice an dorais, ag féachaint go hamaideach ar an spéir.

Chuaigh Eilís go faiteach suas chuig an doras gur chnag sí air.

"Níl aon mhaith sa chnagadh," a dúirt an Giolla, "agus tá dhá chúis leis sin. Ar an gcéad dul síos, tá mise ar an aon taobh den doras leatsa; ar an dara dul síos tá siad ag déanamh an oiread sin calláin istigh, nach gcloisfeadh aon duine thú." Agus go deimhin bhí callán uafásach thar na bearta ar bun laistigh—uallfairt is sraothartaíl, agus tuairteáil mhór, amhail is dá mbeadh mias nó túlán ag briseadh ina smidiríní.

"Mar sin, más é do thoil é," a dúirt Eilís, "cén chaoi ar féidir liom dul isteach?"

"B'fhéidir go mbeadh ciall éigin le do chnagadh," a dúirt an Giolla ag leanúint air gan aird ar bith aige uirthi, "dá mbeadh an doras eadrainn. Dá mbeifeása laistigh, cuir i gcás, d'fhéadfása bualadh agus ligfinnse amach thú, tá a fhios agat." Bhí sé ag breathnú ar an spéir i gcónaí agus shíl Eilís gur dhrochmhúinte an mhaise dó é. "Ach b'fhéidir nach bhfuil neart aige air," a dúirt sí léi féin; "is beag nach bhfuil a dhá shúil ar mhullach a chinn. Ach d'fhéadfadh sé ceisteanna a fhreagairt ar aon slí.—Ach cén chaoi ar féidir liom dul isteach?" a d'fhiafraigh sí arís os ard.

"Suífidh mé anseo," a dúirt an Giolla, "go dtí amárach—"

Ag an nóiméad sin d'oscail doras an tí agus tháinig pláta mór ag sciorradh amach i dtreo chloigeann an Ghiolla; scríob sé a shrón agus bhris ina phíosaí beaga in aghaidh crann a bhí ar a chúl.

"—nó go dtí arú amárach, b'fhéidir," a dúirt an Giolla ag leanúint air ar an gcaoi chéanna amhail is nár tharla dada.

"Cén chaoi a rachaidh mé isteach?" a d'fhiafraigh Eilís arís ach beagán ní b'airde.

"An rachaidh tú isteach ar chor ar bith?" a dúirt an Giolla. "Sin í an chéad cheist, tá a fhios agat."

Ba í gan amhras: ach níor mhaith le hEilís go n-inseofaí di é. "Is uafásach an rud é," a dúirt sí de ghlór íseal léi féin, "an chaoi a mbíonn na beithígh seo uile ag argóint. Chuirfeadh sé duine as a mheabhair!"

Thapaigh an Giolla a dheis chun a thuairim a athrá móide mionathruithe. "Suífidh mé anseo," a dúirt sé, "anois agus arís ar feadh mórán laethanta."

"Ach céard a dhéanfaidh mise?" a dúirt Eilís.

"Cibé rud is maith leat," a dúirt an Giolla agus thosaigh sé ag feadaíl.

"Och, níl maith a bheith ag caint leis," a dúirt Eilís go míshásta: "is amadán cruthanta é!" Agus d'oscail sí an doras agus chuaigh isteach.

Is i gcistin mhór a bhí sí agus an áit lán go boimbéal le deatach: ina suí ar stól trí chos i lár báire a bhí an Bandiúc agus í ag cealgadh naíonáin ina baclainn; bhí an cócaire mná cromtha os cionn na tine ag suaitheadh coire mhóir a bhí lán d'anraith, de réir cosúlachta.

"Tá an iomarca piobair san anraith sin, cinnte!" a dúirt Eilís léi féin, chomh maith agus a d'fhéadfadh sí agus í ag sraothartaíl.

Is cinnte go raibh an iomarca de in aer na cistine. Ligeadh an Bandiúc féin corrshraoth; maidir leis an naíonán bhí sé ag sraothartaíl agus ag uallfartach gach ré seal gan stad gan staonadh. Ní raibh ach dhá rud sa chistin nach raibh ag sraothartaíl, mar atá an cócaire agus cat mór a bhí ina shuí ar an teallach agus straois gáire air ó chluas go cluas.

"An inseófá dom, le do thoil," a dúirt Eilís faiteach go maith, mar ní raibh a fhios aici ar mhúinte an mhaise di labhairt sula labhródh aon duine léi, "cén fáth an bhfuil an straois gáire sin ar do chat?"

"Cat Clárach atá ann," a dúirt an Bandiúc, "sin an fáth. A mhuc!"

Dúirt sí an focal deireanach sin chomh fuinniúil tobann sin gur baineadh geit as Eilís; ach thuig sí láithreach gur ag caint leis an naíonán a bhí an Bandiúc, ní léi féin. Ghlac sí misneach mar sin agus lean uirthi go ndúirt:—

"Ní raibh a fhios agam go mbíodh cár gáire ar na Cait Chláracha; leis an bhfírinne a dhéanamh, ní raibh a fhios agam go raibh gáire ag na cait ar chor ar bith."

"Tá cumas gáire iontu uile," a dúirt an Bandiúc; "agus déanann a bhformhór gáire."

"Níl aithne agamsa ar aon chat a bhfuil gáire aige," a dúirt Eilís go han-mhúinte, agus í an-sásta go raibh comhrá tosaithe aici.

"Is beag atá ar aithne agatsa," a dúirt an Bandiúc, "agus sin sin."

EACHTRAÍ EILÍSE I DTÍR NA NIONTAS

Ní mó ná sásta a bhí Eilís leis sin, agus cheap sí go mbeadh sé chomh maith aici ábhar eile comhrá a tharraingt aníos. Fad is a bhí sí ag iarraidh smaoineamh ar a leithéid, bhain an cócaire an coire den tine is thosaigh láithreach ag caitheamh gach dá raibh faoina lámh leis an mBandiúc is leis an naíonán—ba iad iarainn na tine ba thúisce a chaith sí; lean cith de sháspain, de phlátaí agus de mhiasa iad. Níor thóg an Bandiúc aon cheann díobh fiú nuair a bhuailidís í; agus bhí an naíonán ag scréachadh chomh hard sin cheana, nárbh fhéidir a rá an raibh na buillí á ghortú nó nach raibh.

"Fainic, más é do thoil é!" a ghlaoigh Eilís agus í ag preabadh suas agus anuas le teann scanraidh. "Muise, sin é a shróinín álainn!", nuair a d'eitil sáspan ollmhór in aice le srón an linbh agus dóbair dó an tsrón a bhaint de.

"Dá dtabharfadh gach uile dhuine aire dá ghnó féin," a dúirt an Bandiúc de dhrannadh cársánach, "rachadh an domhan thart i bhfad níos tapúla ná faoi láthair."

"Ní bheadh buntáiste ar bith ag baint leis sin," a dúirt Eilís, mar d'airigh sí an-sásta go raibh deis aici beagán dá cuid eolais a thaispeáint. "Ní gá ach smaoineamh cén phraiseach a dhéanfadh sé sin den lá is den oíche. An dtuigeann tú, bíonn ceithre huaire fichead an chloig ag an domhan le casadh ar a ais. Is líne ais an domhain a théann ón mol theas go dtí an mol thuaidh—"

"Más faoi thua atáthar ag caint," a dúirt an Bandiúc, "baintear an cloigeann di!"

Thug Eilís sracfhéachaint go himníoch i dtreo an chócaire le feiceáil an raibh rún aici glacadh leis an leid; ach bhí an cócaire ag suaitheadh an anraith go dícheallach, agus ní raibh sí ag éisteacht, de réir dealraimh. Mar sin lean Eilís uirthi: "Ceithre huaire fichead an chloig, is dóigh liom, nó dhá cheann déag, b'fhéidir? Nílim—"

"Och, ná bí do mo bhuaireamh," a dúirt an Bandiúc, "ba ghráin liom figiúirí riamh anall!" Agus leis sin thosaigh sí ag cealgadh an naíonáin arís agus ag rá cineál suantraí leis agus á chroitheadh go fíochmhar ag deireadh gach uile líne:—

"Má ligeann sraoth do bhuachaillín,
labhair go borb leis, bí á chniogadh!
In aon turas atá an ceoláinín,
is maith leis thú a ghriogadh!"

LOINNEOG
(a nglacadh an cócaire agus an naíonán páirt inti):—
"Bhabh! Bhabh! Bhabh!"

Fad is a bhí an Bandiúc ag rá an dara rann, chaitheadh sí an naíonán suas agus anuas go garbh, agus scréachadh an ruidín bocht chomh hard sin, gur ar éigean a bhí Eilís in ann na focail a dhéanamh amach:—

"Má ligeann sraoth mo bhuachaillín,
buailim é is bím ag sciolladh!
Is cluiche dó an tsraothartaíl,
is aoibhinn leis an piobar!"

LOINNEOG
"Bhabh! Bhabh! Bhabh!"

"Seo, tá cead agatsa é a mhuirniú tamall, más maith leat!" a dúirt an Bandiúc le hEilís, ag caitheamh an linbh léi le linn a cuid cainte. "Ní mór dom imeacht agus mé féin a réiteach le haghaidh an chluiche cróice leis an mBanríon," agus bhrostaigh sí amach as an seomra. Chaith an cócaire friochtán léi ag imeacht di, ach níor bhuail sí í.

Ba é dícheall Eilíse é breith ar an leanbh, mar is créatúirín míchumtha a bhí ann, agus bhí sé ag síneadh a ghéag amach gach uile threo, "go díreach ar aon dul le crosóg mhara," a cheap Eilís. Bhí an ruidín bocht ag cuachaíl mar a bheadh inneall gaile nuair a rug sí air, agus lean air á shníomh agus á únfairt féin, sa chaoi nach raibh sí in ann é a choinneáil ach ar éigean go ceann cúpla nóiméad.

Chomh luath is a rinne sí amach an bealach ceart chun é a chealgadh (is é sin é a chasadh agus cineál snaidhme a dhéanamh de, agus ansin breith go daingean ar a chluas deas agus a chos chlé, ionas nach scaoileadh sé é féin), thug sí amach faoin spéir é. "Mura dtabharfaidh mé an leanbh seo chun siúil liom," a dúirt Eilís léi féin, "is cinnte go maróidh siad é tar éis lae nó dhó; nár dhúnmharú a bheadh ann é a fhágáil i mo dhiaidh?" Dúirt sí na focail dheireanacha sin os ard, agus rinne an rud beag gnúsacht mar fhreagra (bhí sé éirithe as an tsraothartaíl faoin am sin). "Ná bí ag gnúsachtach," a dúirt Eilís leis. "Ní hé sin an bealach ceart chun thú féin a chur in iúl."

Lig an leanbh gnúsacht eile agus bhreathnaigh Eilís go himníoch ar a aghaidh le feiceáil cad a bhí ag cur as dó. Gan amhras ar bith is an-gheancach a bhí a shrón; ba mhó a bhí sí cosúil le soc ainmhí ná le srón duine; bhí a shúile an-bheag do naíonán freisin; tríd is tríd níor thaitin dreach an linbh le hEilís ar chor ar bith. "B'fhéidir nach bhfuil sé ach ag snagaíl," a smaoinigh sí, agus bhreathnaigh sí isteach ina shúile arís le feiceáil an raibh deora iontu.

Ní raibh deoir ar bith ann. "Má tá tú ag dul ag iompú isteach i do mhuc, a thaisce," a dúirt Eilís go lándáiríre, "ní bheidh aon bhaint agam leat a thuilleadh. Seachain anois!"

Chuir an ruidín bocht snag eile as (nó gnúsacht, níorbh fhéidir a rá cé acu), agus shiúil siad beirt ar aghaidh go ciúin go ceann tamaill.

Bhí Eilís ag tosú ag fiafraí di féin, "Anois, céard a dhéanfaidh mé leis an ruidín seo nuair a thabharfaidh mé abhaile liom é?" nuair a rinne sé gnúsacht eile, a bhí chomh fíochmhar gur bhreathnaigh Eilís anuas ar a aghaidh agus imní uirthi. Ní fhéadfadh sí mearbhall ar bith a bheith uirthi an uair seo: ní raibh dada eile ann ach muc, agus bhraith sí gurbh áiféiseach an mhaise di é a iompar coiscéim ní b'fhaide.

Leag sí an créatúr beag anuas mar sin agus bhí faoiseamh mór uirthi nuair a chonaic sí é ag sodar leis isteach sa choill. "Dá bhfásfadh sé suas," a dúirt sí léi féin, "is urghránna an páiste a bheadh ann: ach is dóighiúil go maith an mhuc atá ann, is dóigh liom." Agus thosaigh sí ag smaoineamh ar roinnt páistí eile dá haithne, a dhéanfadh go han-mhaith mar mhuca. Bhí sí ag rá léi féin, "Faraor nach fios do dhuine conas iad a athrú—" nuair a baineadh geit aisti, mar chonaic sí an Cat Clárach ar ghéag crainn tamall uaithi.

Nuair a chonaic an Cat í, ní dhearna sé ach cár gáire a chur air féin. Ba dhea-mhéineach an dreach a bhí air, dar le hEilís: bhí ingne an-fhada aige ina dhiaidh sin féin agus a lán lán fiacla, bhraith sí mar sin go mba chóir meas a thaispeáint dó.

"A Phuisín Chláraigh," a thosaigh sí beagán eaglach, mar ní raibh a fhios aici an dtaitneodh an t-ainm leis: ní dhearna an Cat, áfach, ach a chár a leathnú beagán. "Féach, tá sé sásta go dtí seo," a smaoinigh Eilís, agus lean sí uirthi, "An féidir leat a insint dom, le do thoil, cén bealach arbh fhearr liom dul as seo?"

"Braitheann sé sin roinnt mhaith ar an áit a bhfuil tú ag iarraidh dul," a dúirt an Cat.

"Is cuma liom dáiríre cén áit—" a dúirt Eilís.

"Is cuma ansin cén bealach a rachaidh tú," a dúirt an Cat.

"—fad is go rachaidh mé áit éigin," a dúirt Eilís mar mhíniú.

"Arú, déanfaidh tú é sin cinnte, má shiúlann tú sách fada."

Cheap Eilís nach bhféadfaí é sin a shéanadh, bhain sí triail as ceist eile mar sin. "Cén sórt daoine atá ina gcónaí thart timpeall anseo?"

"An bealach sin," a dúirt an Cat agus é ag bagairt a lapa dheis, "tá cónaí ar Haitéir: agus an bealach sin," agus é ag bagairt an lapa eile, "tá cónaí ar Ghiorria Márta. Tabhair cuairt ar cibé duine acu is mian leat: tá siad as a meabhair beirt."

"Ach nílim ag iarraidh dul i measc daoine atá as a meabhair," a dúirt Eilís.

"Níl leigheas agat air sin, arú," a dúirt an Cat. "Táimid go léir as ár meabhair anseo. Tá mise as mo mheabhair. Tá tusa as do mheabhair."

"Conas atá a fhios agat go bhfuil mise as mo mheabhair?" a d'fhiafraigh Eilís.

"Caithfidh go bhfuil tú as do mheabhair," a dúirt an Cat, "nó ní thiocfá anseo sa chéad áit."

Níor cheap Eilís gur chruthú ar bith é sin; lean sí uirthi, áfach, agus dúirt, "Agus conas atá a fhios agat go bhfuil tú féin as do mheabhair?"

"Ar an gcéad dul síos," a dúirt an Cat, "níl madra as a mheabhair. An admhaíonn tú é sin?"

"Admhaím, is dócha," a dúirt Eilís.

"Anois, más ea," a dúirt an Cat, "an dtuigeann tú, cuireann an madra drantán as nuair a bhíonn fearg air agus croitheann sé a eireaball nuair a bhíonn sé sásta. Anois bímse ag drantán nuair a bhím sásta agus croithim m'eireaball nuair a bhíonn fearg orm. Mar sin, is as mo mheabhair atáim."

"Crónán a thugaimse air sin, ní drantán," a dúirt Eilís.

"Tabhair cibé ainm is mian leat air," a dúirt an Cat. "An mbeidh tú ag imirt cróice leis an mBanríon inniu?"

"Ba bhreá liom é sin go mór," a dúirt Eilís, "ach ní bhfuair mé cuireadh fós."

"Feicfidh tú ann mé," a dúirt an Cat agus d'imigh as amharc.

Is beag an t-iontas a chuir sé sin ar Eilís, bhí sí chomh cleachtach faoin am sin le rudaí aisteacha. Fad is a bhí sí ag breathnú ar an áit a raibh an Cat, tháinig sé ar ais go tobann arís.

"Cad a bhain don leanbh, dála an scéil?" a dúirt an Cat, "Dóbair dom gan fiafraí díot."

"Rinneadh muc de," a dúirt Eilís go ciúin, amhail is dá dtiocfadh an Cat ar ais ar an ngnáthbhealach.

"Shíl mé gurb é sin a tharlódh," a dúirt an Cat agus d'imigh sé as amharc arís.

D'fhan Eilís tamall beag mar bhí ag súil beagán go dtiocfadh sé ar ais, ach níor tháinig, agus tar éis cúpla nóiméad shiúil sí léi i dtreo na háite a dúradh léi a raibh an Giorria Márta ina chónaí. "Chonaic mé haitéirí roimhe seo," a dúirt sí léi féin; "is spéisiúla go mór a bheidh an Giorria Márta, agus ós rud é gurb é seo mí na Bealtaine, b'fhéidir nach mbeadh sé ina ghealt mhire—ar a laghad nach mbeadh sé chomh dona is a bhí sé i mí an Mhárta." Le linn di é sin a rá d'fhéach sí suas, agus b'shin é an Cat arís ina shuí ar ghéag crainn.

"An 'muc' a dúirt tú, nó 'poc'?" a dúirt an Cat.

"'Muc' a dúirt mé," a d'fhreagair Eilís, "agus b'fhearr liom nach leanfá ort ag teacht chun léargais agus ag imeacht as chomh tobann sin. Cuireann tú meadhrán i mo cheann."

"Maith go leor," a dúirt an Cat; agus an babhta seo d'imigh sé as mall go leor, ag tosú le ceann a eireaball agus ag críochnú lena straois gáire, agus d'fhan sí sin ann nuair a bhí gach cuid eile di imithe.

"Arú, is minic a chonaic mé cat gan straois gáire," a smaoinigh Eilís, "ach straois gáire gan chat! Is é an rud is aistí dá bhfaca mé riamh le mo bheo é!"

Ní dheachaigh sí mórán ní b'fhaide nuair a thug sí teach an Ghiorria Márta faoi deara: cheap sí gurbh é an teach ceart é, toisc gur cuma cluas a bhí ar na simléir agus gur ceann fionnaidh a bhí air. Bhí an teach chomh mór sin, nár theastaigh uaithi teacht in aice leis go mbeadh beagán eile de phíosa clé an mhuisiriúin ite aici, rud a d'ardaigh í go dtí airde dhá throigh: ansin féin shiúil sí suas chuig an teach faiteach go maith, agus í ag rá léi féin, "Cuir i gcás go mbeadh sé as a mheabhair ar fad i ndeireadh na dála! Faraor nárbh é an Haitéir a roghnaigh mé ina áit!"

CAIBIDIL VII

CÓISIR TAE NA nGEALT

Bhí bord arna leagan faoi chrann os comhair an tí agus bhí an Giorria Márta agus an Haitéir ina suí aige: bhí Luch Chodlamáin ina suí eatarthu agus í ina sámhchodladh, agus bhí an bheirt eile ag baint feidhm aisti mar chúisín, a n-uillinneacha ina luí uirthi, agus iad ag comhrá le chéile os a cionn. "An-mhíchompordach don Luch Chodlamáin," a smaoinigh Eilís; "ach is ina codladh atá sí; is dócha mar sin nach miste léi."

Is mór an bord a bhí ann, ach bhí an triúr acu bailithe le chéile ag cúinne amháin de: "Níl áit ann! Níl áit ann!" a ghlaoigh siad nuair a chonaic siad Eilís ag teacht. "Tá neart

áite ann!" a dúirt Eilís go míshásta, agus shuigh sí síos i gcathair uilleach mhór ag ceann an bhoird.

"Bíodh fíon agat," a dúirt an Giorria Márta go plásánta.

D'fhéach Eilís ar fud an bhoird, ach ní raibh dada air ach tae. "Ní fheicim fíon ar bith," a d'fhreagair sí.

"Níl fíon ar bith ann," a dúirt an Giorria Márta.

"Níor mhúinte an mhaise duit é, mar sin, é a thairiscint dom," a dúirt Eilís agus místá uirthi.

"Níor mhúinte an mhaise duitse suí síos gan chuireadh," a dúirt an Giorria Márta.

"Ní raibh a fhios agam gur leatsa an bord," a dúirt Eilís: "tá áiteanna leagtha air dá lán níos mó ná triúr."

"Ba chóir do chuid gruaige a ghearradh," a dúirt an Haitéir. Bhí sé ag féachaint ar Eilís go fiosrach ar feadh tamaill fhada agus ba é sin an chéad chaint uaidh.

"Ba chóir duitse foghlaim gan caint phearsanta a chaitheamh," a dúirt Eilís sách dian: "is an-drochmhúinte atá sé."

D'oscail an Haitéir a dhá shúil an-leathan nuair a chuala sé é sin; ní dúirt sé ach, "Cén chosúlacht atá idir fiach dubh agus deasc scríbhneoireachta?"

"Féach, beidh spórt againn anois!" a smaoinigh Eilís. "Is deas liom gur ag cur tomhaiseanna atá siad—sílim gur féidir liom é sin a fhreagairt," a dúirt sí os ard.

"An síleann tú gur féidir leat an freagra a fháil?" a dúirt an Giorria Márta.

"Sílim go cinnte," a dúirt Eilís.

"Ba chóir duit an rud atá i gceist agat a rá mar sin," a dúirt an Giorria Márta.

"Déanaimse é sin," a dúirt Eilís go tapa; "ar a laghad—ar a laghad bíonn an rud a deirim i gceist agam—is mar a chéile an dá rud, tá a fhios agat."

"Ní mar a chéile ar chor ar bith iad!" a dúirt an Haitéir. "Bheadh sé chomh maith agat a rá gurb ionann 'Feicim a n-ithim' agus 'Ithim a bhfeicim'!"

"Bheadh sé chomh maith agat a rá," dúirt an Giorria Márta ag cur leis an scéal, "gurb ionann 'Is maith liom a bhfaighim' agus 'Faighim ar maith liom'!"

"Bheadh sé chomh maith agat a rá," a dúirt an Luch Chodlamáin féin, "gurb ionann 'Codlaím nuair a análaím' agus 'Análaím nuair a chodlaím'!"

"Is mar a chéile leatsa iad," a dúirt an Giorria Márta. Bhí deireadh leis an gcomhrá ar feadh tamaill agus bhí tost ann scaitheamh, fad is a bhí Eilís ag iarraidh smaoineamh ar a raibh ar eolas aici faoi fhiacha dubha agus deasca scríbhneoireachta, agus ba bheag an méid sin.

Ba é an Haitéir ba thúisce a labhair arís. "Cén lá den mhí atá ann?" a d'fhiafraigh sé ag casadh ar Eilís: bhí a uaireadóir bainte amach as a phóca aige, agus bhí sé ag breathnú go míshuaimhneach air, á chroitheadh gach re seal, agus a choinneáil lena chluas.

Smaoinigh Eilís tamall agus ansin, "An ceathrú lá," a dúirt sí.

"Dhá lá mícheart!" arsa an Haitéir le hosna. "Dúirt mé leat nach réiteodh im leis na hoibreacha!" a dúirt sé ag féachaint le fearg an an nGiorria Márta.

"Ba é an t-im ab fhearr é," a d'fhreagair an Giorria Márta go maolchluasach.

"Ba é, ach ní foláir nó chuaigh roinnt grabhróg isteach freisin," a dúirt an Haitéir go crosta: "Ba chóir duit gan é a chur isteach le scian an aráin."

Bhain an Giorria Márta an t-uaireadóir den Haitéir agus d'fhéach air go gruama: thum sé ansin é ina chupán tae, agus d'fhéach arís air: ach níor fhéad sé smaoineamh ar aon rud ab fhearr le rá ná a chéad ráiteas, "Ba é an t-im ab fhearr é, tá a fhios agat."

Bhí Eilís ag breathnú thar a ghualainn go fiosrach. "Nach aisteach an t-uaireadóir é!" a dúirt sí. "Insíonn sé lá na míosa duit, ach ní insíonn sé cén t-am sa lá atá ann!"

"Cén fáth a n-inseodh?" a dúirt an Haitéir de mhonabhar. "An insíonn d'uaireadóirse cén bhliain atá ann?"

"Ní insíonn ar ndóigh," a d'fhreagair Eilís go pras: "Is é sin toisc go mbíonn an bhliain chéanna ann chomh fada sin."

"Is é a fhearacht sin é i gcás m'uaireadórasa," a dúirt an Haitéir.

Bhí mearbhall ar Eilís. Chonacthas di nach raibh brí ar bith le ráiteas an Haitéara ach ba Ghaeilge a bhí ann. "Ní rómhaith a thuigim thú," a dúirt sí chomh múinte agus ab fhéidir léi.

"Tá an Luch Chodlamáin ina codladh arís," a dúirt an Haitéir agus dhoirt sé beagán tae ar a srón.

Chroith an Luch Chodlamáin a ceann go mífhoighneach, agus dúirt sí gan a súile a oscailt, "Is ea, go díreach, bhí mé chun an rud ceannann céanna a rá mé féin."

"Ar thomhais tú an tomhais go fóill?" a dúirt an Haitéir agus é ag casadh ar Eilís arís.

"Níor thomhais. Éirím as," a dúirt Eilís: "Cad é an freagra?"

"Níl tuairim dá laghad agam," a dúirt an Haitéir.

"Ná agamsa ach an oiread," a dúirt an Giorria Márta.

Lig Eilís osna thuirseach. "Feictear dom go bhféadfadh sibh nithe ab fhearr a dhéanamh," a dúirt sí, "ná an t-am a chur amú le tomhaiseanna nach bhfuil freagraí orthu."

"Dá mbeadh an oiread aithne agat ar an Am agus atá agamsa," a dúirt an Haitéir, "ní labhrófá faoina chur amú. Pearsa atá san Am."

"Ní thuigim cad atá i gceist agat," a dúirt Eilís.

"Ní thuigeann ar ndóigh!" ag baint croitheadh as a cheann le teann dímheasa. "Déarfainn nár labhair tú riamh leis an Am!"

"B'fhéidir nár labhair," a d'fhreagair Eilís go faichilleach, "ach tá a fhios agam gur gá dom an t-am a bhualadh nuair a bhímse ag foghlaim ceoil."

"Sin é an míniú ar an scéal, arú," a dúirt an Haitéir. "Níor lú air an sioc ná bualadh. Anois dá mbeifeá an-mhór leis, dhéanfadh sé leis an gclog duit cibé rud ba mhian leat. Cuir i gcás go mbeadh sé a naoi a chlog ar maidin, an t-am go baileach le ceachtanna a thosú, níor ghá duit ach focal a chur i gcluas an Ama, agus rachadh an clog timpeall i bprap na súl. Leathuair tar éis a haon, am don dinnéar!"

("Faraor nach é an t-am sin anois," a dúirt an Giorria Márta de chogar.)

"Bheadh sé sin thar cionn, go deimhin," a dúirt Eilís go smaointeach: "ach ansin—ní bheadh ocras orm, tá a fhios agat."

"Ní bheadh ar dtús, b'fhéidir," a dúirt an Haitéir: "ach d'fhéadfá leathuair tar éis a haon a bheith agat chomh fada agus ba mhian leat."

"An é sin an chaoi a n-oibríonn tusa é?" a d'fhiafraigh Eilís.

Chroith an Haitéir a chloigeann go brónach. "Ní hé!" a d'fhreagair sé. "Thiteamar amach lena chéile mí an Mhárta seo caite—go díreach sula ndeachaigh seisean as a mheabhair, tá a fhios agat—" (thaispeáin sé an Giorria Márta lena spúnóg,) "—ba é an cheolchoirm mhór é a bhí á tabhairt ag an mBanríon Hart, agus bhí ormsa amhrán a rá:

'Trilsigh, trilsigh, a ialtóg chaol!
Níl sin againn, fios do scéil!'

Chuala tú an t-amhrán, b'fhéidir?"

"Chuala mé rud éigin cosúil leis," a dúirt Eilís.

"Leanann sé ar aghaidh, tá a fhios agat," a dúirt an Haitéir, "mar seo:—

'Os ár gcionn i bhfad san aer
mar a bheadh tráidire tae sa spéir.
Trilsigh, trilsigh—'"

Chroith an Luch Chodlamáin í féin ag an bpointe sin agus thosaigh ag rá *"Trilsigh, trilsigh, trilsigh, trilsigh—"* trína codladh agus lean sí uirthi chomh fada sin go raibh orthu scealpóg a bhaint aisti chun í a chur ina tost.

"Bhuel, is ar éigean a bhí an chéad rann críochnaithe agam," a dúirt an Haitéir, "nuair a léim an Bhanríon ar a cosa agus scread sí amach, 'Is ag marú an ama atá sé. Baintear an cloigeann de!'"

"Nach uafásach barbartha a bhí sí!" a ghlaoigh Eilís.

"Agus ó shin i leith," a lean an Haitéir leis go gruama, "ní dhéanfaidh sé rud ar bith dom dá n-iarraim air! Is a sé a chlog a bhíonn sé anseo i gcónaí."

Tháinig smaoineamh maith isteach i gceann Eilíse. "An é sin an fáth a bhfuil an oiread sin gréithe le haghaidh an tae ar an mbord seo?" a d'fhiafraigh sí.

"Is é, muise," a dúirt an Haitéir agus lig sé osna. "Am tae a bhíonn ann i gcónaí agus ní bhíonn deis againn na gréithe a ní idir an dá linn."

"Bíonn sibh i gcónaí ag dul timpeall an bhoird, is dóigh liom?" a dúirt Eilís.

"Bíonn, go deimhin," a dúirt an Haitéir, "de réir mar a úsáidtear na nithe."

"Ach cad a tharlóidh nuair a thiocfaidh sibh ar ais go dtí an tosach arís?" a d'fhiafraigh Eilís go fiosrach.

"Abraimis go n-athróimid an t-ábhar cainte," a dúirt an Giorria Márta ag teacht rompu agus ag méanfach. "Táim ag éirí bréan de na cúrsaí sin. Molaimse go n-inseoidh an cailín beag scéal dúinn."

"Tá eagla orm nach bhfuil aon scéal agam," a dúirt Eilís le himní roimh an moladh.

"Ansin ní mór don Luch Chodlamáin scéal a insint," a dúirt an bheirt díobh de bhéic. "Dúisigh, a Luch Chodlamáin!" Agus bhain siad scealpóg aisti ar gach aon taobh in éineacht.

D'oscail an Luch Chodlamáin a dhá súil go mall. "Ní i mo chodladh a bhí mé," a dúirt sí de ghlór lag slóchtach: "D'airigh mé gach dá raibh á rá ag an mbeirt agaibhse."

"Inis scéal dúinn!" dúirt an Giorria Márta.

"Is ea, inis scéal le do thoil!" a dúirt Eilís go hachainíoch.

"Agus déan deifir," a dúirt an Haitéir, "nó beidh tú i do chodladh sula mbeidh sé críochnaithe."

"Bhí triúr drifiúracha ann fadó," a dúirt an Luch Chodlamáin ag tosú ar a scéal go deifreach; "agus is iad na hainmneacha a bhí orthu Ailse, Síle is Tilde; agus is ag bun tobair a bhí cónaí orthu—"

"Cad air a mairidís?" a d'fhiafraigh Eilís, mar bhíodh an-spéis i gcónaí aici i gcúrsaí bia agus dí.

"Is ar thriacla a mhairidís," a dúirt an Luch Chodlamáin, tar éis machnaimh ar feadh scaithimh.

"Ní fhéadfaidís é sin a dhéanamh, tá a fhios agat," a dúirt Eilís go séimh, "nó bheidís tinn."

"Bhídís sin," a dúirt an Luch Chodlamáin, "bhídís an-tinn."

Rinne Eilís iarracht samhlú di féin cén chaoi a mbeadh sé maireachtáil chomh haisteach sin, ach is ró-aimhréiteach a bhí an scéal, mar sin lean sí uirthi go ndúirt, "Ach cén fáth a raibh cónaí uirthi ag bun tobair?"

"Bíodh tuilleadh tae agat," a dúirt an Giorria Márta go dúthrachtach le hEilís.

"Ní raibh tae ar bith agam fós," a dúirt Eilís de ghlór goilliúnach, "Ní féidir liom tuilleadh a thógáil, mar sin."

"Is éard atá i gceist agat," a dúirt an Haitéir, "nach féidir leat níos lú a thógáil. Is éasca an ní é níos mó ná dada a thógáil."

"Níor iarr aon duine do thuairimse ort," a dúirt Eilís.

"Cé atá ag caitheamh caint phearsanta anois?" a dúirt an Haitéir go caithréimeach.

Ní raibh a fhios go díreach ag Eilís cad ba chóir di a rá mar fhreagra; mar sin, thóg sí cupán tae agus roinnt aráin agus ime. Chas sí ansin ar an Luch Chodlamáin agus chuir an cheist arís, "Cén fáth a raibh cónaí orthu ag bun tobair?"

Rinne an Luch Chodlamáin smaoineamh arís ar feadh cúpla nóiméad, agus ansin dúirt sí, "Is tobar triacla a bhí ann."

"Níl a leithéid de rud ann!" a dúirt Eilís go feargach ach dúirt an Haitéir agus an Giorria Márta araon "Fuist! Fuist!" léi, agus dúirt an Luch Chodlamáin agus stailc uirthi, "Mura féidir leat béasa a bheith ort, b'fhéidir go mba mhaith leat an scéal a chríochnú thú féin."

"Ní hea, lean ort, más é do thoil é!" a dúirt Eilís go fíor-umhal, "Ní chuirfidh mé isteach ort arís. Déarfainn go bhfuil ceann amháin ann áit éigin."

"Ceann amháin, arú!" a dúirt an Luch Chodlamáin go colgach. Ach bhí sí sásta leanúint ar aghaidh. "Agus an triúr deirfiúracha sin—bhí siad ag foghlaim le tarraingt, tá a fhios agaibh."

"Cad a tharraingídís?" a dúirt Eilís mar bhí a gealltanas dearmadtha glan aici.

"Triacla," a dúirt an Luch Chodlamáin, gan machnamh ar bith an babhta seo.

"Tá cupán glan uaim," a dúirt an Haitéir ag teacht roimpi. "Bogaimis uile suíochán amháin ar aghaidh."

Bhog sé ar aghaidh le linn na cainte dó, agus lean an Luch Chodlamáin é: bhog an Giorria Márta go háit na Luiche Codlamáin, agus in aghaidh a tola ghlac Eilís áit an Ghiorria Márta. Ba é an Haitéir an t-aon duine a ndeachaigh an t-athrú chun sochair dó: agus ba mheasa go mór Eilís as, mar bhí an Giorria Márta go díreach tar éis an bainne sa chrúiscín a dhoirteadh ar a phláta.

Níor theastaigh ó Eilís goilliúint ar an Luch Chodlamáin arís, mar sin thosaigh sí go han-fhaichilleach agus, "Ní thuigim ar chor ar bith," arsa sise, "Cad as a dtarraingídís an triacla?"

"Is féidir uisce a tharraingt as tobar uisce," arsa an Haitéir; "Cheapfainnse mar sin go bhféadfaí triacla a tharraingt as tobair triacla—nach dóigh leat, a óinseach?"

"Ach is sa tobar féin a bhí siad," a dúirt Eilís leis an Luch Chodlamáin, gan aird ar bith a thabhairt ar abairt deireanach an Haitéara.

"Is ea, má labhraím le bun," a dúirt an Luch Chodlamáin, "ag bun an tobair."

Chuir an freagra sin an oiread sin mearbhaill ar Eilís gur lig sí don Luch Chodlamán leanúint léi gan cur isteach uirthi.

"Ag foghlaim tarraingthe a bhídís," arsa an Luch Chodlamáin agus í ag méanfach agus ag cuimilt a lámh dá súile, mar bhí mótaí codlata ag teacht uirthi; "agus tharraingídís gach uile shórt ruda a thosaíodh le M—"

"Cén fáth le M?" a dúirt Eilís.

"Cén fáth nach ndéanfaidís?" a dúirt an Giorria Márta.

D'fhan Eilís ina tost.

Bhí súile an Luch Chodlamáin dúnta faoin am sin agus bhí sí ag míogarnach; ach bhain an Haitéir scealpóg aisti is dhúisigh sí is lig scréach bheag. Lean sí uirthi: "—a thosaíonn le M, miasa, cuir i gcás, agus mionphlainéid agus meabhair agus measarthacht—tá a fhios agat go moltar fanacht 'i mbun na measarthachta'—an bhfaca tú a leithéid de rud riamh, líníocht de mheasarthacht?"

"Ós ag caint air atá tú," a dúirt Eilís agus í go mór trína chéile, "ní shílimse go—"

"Níor cheart duit a bheith ag caint mar sin," arsa an Haitéir.

Chuir an mímhúineadh deireanach sin Eilís thar a fulaingt; d'éirigh sí ina seasamh le teann míshásaimh, agus shiúil chun bealaigh; thit an Luch Chodlamáin ina codladh láithreach, agus níor thóg ceachtar den bheirt eile aon cheann d'imeacht Eilíse, cé gur fhéach sí siar uair nó dhó, agus iarracht de dhóchas aici go nglaofaidís uirthi; an uair dheireadh a chonaic sí iad, bhí siad ag iarraidh an Luch Chodlamáin a chur isteach sa taephota.

"Ní rachaidh mé ansin arís ar aon chuma!" a dúirt Eilís agus í ag déanamh a bealaigh tríd an gcoill. "Ba é sin an chóisir tae ba sheafóidí a raibh mé riamh uirthi!"

Ní túisce a bhí sin ráite aici ná thug sí faoi deara go raibh doras i gceann de na crainn. "Is aisteach an ní é sin!" a cheap sí. "Ach tá gach uile rud aisteach inniu. Is dóigh liom gur ceart dom dul isteach gan mhoill." Siúd isteach í.

Fuair sí í féin arís sa halla fada, agus in aice leis an mbord gloine. "Anois is fearr a chruthóidh mé an uair seo," a dúirt sí léi féin, agus thóg sí an eochairín agus bhain an glas den doras beag isteach sa ghairdín. Ansin chrom sí ar an muisiriún a chreimeadh (choinnigh sí píosa ina póca) go dtí go raibh sí timpeall troigh amháin ar airde: shiúil sí síos an pasáiste beag ansin: agus ansin—fuair sí í féin sa deireadh thiar thall sa ghairdín álainn, i measc na gceapach glé agus na scairdeán fionnuar.

CAIBIDIL VIII

PÁIRC CRÓICE NA BANRÍONA

Bhí crann mór róis ina sheasamh gar do gheata an ghairdín: is geal a bhí na rósanna ag fás air, ach bhí triúr gairneoirí ina thimpeall agus iad go gnóthach á bpéinteáil dearg. Chonacthas d'Eilís gurbh an-aisteach an rud é agus dhruid sí leo ionas gur fearr a d'fheicfeadh sí iad. Nuair a bhí sí ag teacht i láthair, d'airigh sí duine díobh á rá, "Fainic, a Chúig! Ná bí ag stealladh péinte orm mar sin!"

"Ní raibh neart agam air," arsa Cúig, agus pus air, "Thug Seacht sonc do m'uillinn."

Leis sin d'fhéach Seacht aníos agus dúirt sé, "Sin é an chaoi, a Chúig! Cuir an milleán ar dhaoine eile i gcónaí!"

"Níor cheart duitse caint!" arsa Cúig. "D'airigh mé an Bhanríon á rá inné féin go mba chóir an cloigeann a bhaint díot!"

"Cén fáth?" a dúirt an té ba thúisce a labhair.

"Ní bhaineann sé leatsa, a Dhó!" a dúirt Seacht.

"Is é a bhaineann!" a dúirt Cúig, "agus inseoidh mé dó—ba mar gheall ar gur thug sé bleibíní tiúilipí chuig an gcócaire in ionad oinniún é."

Chaith Seacht a scuaibín uaidh le fuinneamh, agus bhí sé ag tosú ag rá, "Bhuel, ní éagóir go dtí é sin—" nuair a leag sé a shúil ar Eilís ina seasamh ag faire orthu, agus choisc sé é féin go tobann: bhreathnaigh an bheirt eile timpeall freisin, agus d'umhlaigh siad ar fad go híseal di.

"An féidir libh a rá liom," arsa Eilís, "cén fáth a bhfuil sibh ag péinteáil na rósanna sin?"

Ní dúirt Cúig ná Seacht dada ach d'fhéach siad ar Dhó. Thosaigh Dó de ghlór íseal, "Is í fírinne an scéil, an dtuigeann tú, a chailín uasail, go mba chóir gur rósanna dearga a bheadh ar an gcrann seo, agus ceann geal a chuireamar isteach trí dhearmad; dá bhfaigheadh an Bhanríon amach, bhainfí an cloigeann dínn uile, tá a fhios agat. Mar sin, a chailín uasail, táimid ag déanamh ár ndíchill sula dtiocfaidh sí, chun—" Bhí Cúig tar éis a bheith ag féachaint trasna an ghairdín agus ag an nóiméad sin ghlaoigh sé amach "An Bhanríon! An Bhanríon!" agus chaith an triúr gairneoirí iad féin ar a n-aghaidh ar an talamh. Chualathas a lán coiscéimeanna agus bhreathnaigh Eilís timpeall go fiosrach go bhfeicfeadh sí an Bhanríon.

Tháinig deichniúr saighdiúirí ar dtús le smachtíní ina lámha; bhí siad uile ar aon dul leis na gairneoirí, leathfhada cothrom agus lámha is a gcosa ag na cúinní: ansin tháinig na cúirteoirí; bhí muileataí mar mhaisiúcháin orthu sin uile, agus shiúil siad mar a rinne na saighdiúirí, ina mbeirt is ina mbeirt. Ba iad na páistí ríoga a tháinig ina ndiaidh sin: bhí deichniúr go baileach díobh ann, agus tháinig na muirníní beaga ag léimneach ar a mbealach lámh i lámh i mbeirteanna: bhí hairt orthu sin uile mar mhaisiúcháin. Ansin is ea a tháinig na haíonna, Ríthe agus Banríonacha den chuid is mó, agus d'aithin Eilís an Coinín Bán ina measc: bhí sé ag caint go deifreach neirbhíseach, ag déanamh meangadh gáire le gach focal dá ndúradh, agus chuaigh sé thart gan Eilís a thabhairt faoi deara. An Cuileata Hart a tháinig ansin agus coróin an Rí á iompar aige ar chúisín veilbhite; AN RÍ HART AGUS AN BHANRÍON HART a tháinig ag deireadh an mhórshiúil uile.

Bhí Eilís idir dhá chomhairle ar cheart di luí síos ar a haghaidh ar an talamh mar a rinne an triúr gairneoirí, ach níor chuimhin léi gur chuala sí riamh faoi riail den chineál sin le linn mórshiúlta; "agus ar aon dath," a smaoinigh sí, "cén mhaith mórshiúl dá mbeadh gach duine ina luí ar a n-aghaidh sa chaoi nach bhfeicfidís an morshiúl in aon chor?" Mar sin d'fhan sí mar a raibh sí.

Nuair a tháinig an mórshiúl os comhair Eilíse, stop siad go léir agus bhreathnaigh uirthi, agus "Cé hí seo?" a dúirt an Bhanríon go géar. Is leis an gCuileata Hart a bhí sí ag caint, agus ní dhearna seisean mar fhreagra ach umhlú le meangadh gáire ar a bhéal.

"Amadán!" a dúirt an Bhanríon agus bhain sí croitheadh as a cloigeann go mífhoighneach. Chas sí ansin ar Eilís agus dúirt, "Cén t-ainm atá ort, a linbh?"

"Eilís is ainm dom, le toil do Mhórgachta," a dúirt Eilís go han-mhúinte; ach is éard a dúirt sí léi féin, "Féach, i ndeireadh na dála níl iontu ach paca cártaí. Ní gá scanrú rompu!"

"Agus cé hiad seo?" a d'fhiafraigh an Bhanríon agus í ag díriú a méire i dtreo an triúr gairneoirí a bhí ina luí timpeall an chrainn róis; tuigeann tú gur ar a n-aghaidh a bhí siad, agus ba mhar a chéile an patrún ar a ndroim agus patrún an chuid eile den phaca, mar sin ní fhaca sí cé acu gairneoirí, saighdiúir, cúirteoirí nó triúr dá bpáistí féin a bhí iontu.

"Cén chaoi a mbeadh a fhios agamsa," a dúirt Eilís agus chuir a misneach féin iontas uirthi. "Ní bhaineann an scéal liomsa."

D'éirigh an Bhanríon dúdhearg san éadan le báiní, agus tar éis di breathnú ar Eilís ar feadh tamaillín mar a bheadh

beithíoch allta, "Baintear an cloigeann di!" a scread sí, "Baintear—"

"Ráiméis!" a dúirt Eilís an-ard agus an-daingean, agus d'éist an Bhanríon a béal.

Leag an Rí a lámh ar a huillinn agus dúirt léi go faiteach, "Smaoinigh, a chroí: níl inti ach leanbh!"

Chas an Bhanríon uaidh le fearg agus dúirt leis an gCuileata "Iompaigh thart iad!"

Rinne an Cuileata rud uirthi go han-cháiréiseach le leathchos.

"Éirígí!" arsa an Bhanríon de ghlór géar ard, agus d'éirigh an triúr gairneoirí ar a gcosa gan mhoill, agus thosaigh ag umhlú don Rí, don Bhanríon, do na páistí ríoga agus do gach uile dhuine eile.

"Stadaigí de sin!" a scread an Bhanríon, "Tá sibh ag cur meadhráin ionam." Chas sí ansin chuig an gcrann róis agus lean uirthi, "Agus cad a bhí sibh a dhéanamh anseo?"

"Le toil do Mhórgachta," arsa Dó go han-umhal agus é ar leathghlúin le linn na cainte dó, "is amhlaidh a bhíomar ag iarraidh—"

"Feicimse!" arsa an Bhanríon, a bhí ag breathnú ar na rósanna. "Baintear an cloigeann díobh!" agus ghluais an mórshiúl ar aghaidh. D'fhan triúr saighdiúirí siar chun na gairneoirí mí-ámharacha a chur chun báis, ach rith siad sin chuig Eilís chun dul ar a coimirce.

"Ní dhéanfar sibh a dhícheannadh!" a dúirt Eilís agus chuir sí isteach i bpota mór bláthanna iad a bhí in aice láimhe. Bhí an triúr saighdiúirí ag fánaíocht thart ar feadh cúpla nóiméad á dtóraíocht, agus ansin mháirseáil siad chun siúil i ndiaidh na coda eile.

"Ar baineadh an cloigeann díobh?" a d'fhiafraigh an Bhanríon.

"Tá na cloigne imithe, le toil do Mhórgachta!" a dúirt na saighdiúirí mar fhreagra.

"Tá sin go maith!" a ghlaoigh an Bhanríon. "An bhfuil cróice agat?"

Ní raibh focal as na saighdiúirí ach d'fhéach siad ar Eilís. Is chuicise a bhí an Bhanríon.

"Tá!" a dúirt Eilís.

"Gabh i leith uait, mar sin!" a bhéic an Bhanríon agus ghlac Eilís a háit sa mhórshiúl agus í ag fiafraí di féin cad é an chéad rud eile a tharlódh.

"Is—is breá ar fad an lá é!" a dúirt glór faiteach taobh léi. Is amhlaidh a bhí sí ag siúl le hais an Choinín Bháin, agus bhí seisean ag gliúcaíocht go himníoch isteach san aghaidh uirthi.

"An-bhreá," a dúirt Eilís. "Cá bhfuil an Bandiúc?"

"Fuist! Fuist!" arsa an Coinín de ghlór íseal deifreach. Bhíodh sé ag breathnú go himníoch thar a ghualainn agus é ag caint, ansin d'ardaigh sé é féin ar bharr a mhéar, chuir a bhéal gar dá cluas agus dúirt "Tá sí faoi bhreith bháis."

"Cad a rinne sí?" a d'fhiafraigh Eilis.

"An ndúirt tú 'Nach mór an trua é!'?" a dúirt an Coinín.

"Ní dúirt," arsa Eilís, "Ní dóigh liom gur trua ar bith é. 'Cad a rinne sí?' a dúirt mé."

"Thug sí boiseog sa chluas don Bhanríon—" a thosaigh an Coinín. Lig Eilís scread gháire aisti. "Fuist!" arsa an Coinín de chogar faiteach. "Cloisfidh an Bhanríon thú! Tháinig sí beagán déanach agus dúirt an Bhanríon—"

"Gach duine chuig a ionad!" a liúigh an Bhanríon de ghlór toirniúil, agus thosaigh na daoine ag rith timpeall deiseal agus treiseal, agus iad ag baint tuisle as a chéile; shocraigh siad síos tar éis tamaill, áfach, agus thosaigh an cluiche.

Ba dhóigh le hEilís nach bhfaca sí cluiche cróice chomh haisteach leis lena beo; ní raibh sa pháirc imeartha ach iomairí agus claiseanna; gráinneoga beo a bhí in ionad liathróidí agus lasairéin in áit máilléad, agus bhíodh ar na saighdiúirí iad féin a lúbadh agus seasamh ar a lámha agus a gcosa chun na háirsí a dhéanamh.

Fuair Eilís amach go luath gurbh é láimhseáil an lasairéin an chéad deacracht: d'éirigh léi a cholainn a bhrú as an mbealach sách compordach faoina hascaill agus a cosa ar crochadh anuas, ach go hiondúil, ní túisce a bhíodh a mhuineál go deas díreach aici, agus í ar tí buille a bhualadh ar an ngráinneog, ná chasadh an lasairéan thart go mbreathnaíodh aníos san aghaidh uirthi agus dreach mearaithe air; ní fhéadfadh sí ansin gan gáire a dhéanamh; agus nuair a d'éiríodh léi a chloigeann a chur síos chun tosú arís, b'olc léi fáil amach gur oscail an ghráinneog í féin agus go raibh sí ag imeacht de scodal: ina theannta sin uile bhíodh iomaire nó clais sa bhealach uirthi cibé áit a dteastaíodh uaithi gráinneog a chur, agus, toisc gur nós leis na saighdiúirí lúbtha éirí gach uile nóiméad agus siúl chuig codanna eile den fhaiche, níorbh fhada gur thuig Eilís go rímhaith a dheacra is a bhí an cluiche.

D'imríodh na himreoirí uile ag an aon am amháin gan fanacht lena seal féin, agus bhídís de shíor ag argóint lena chéile agus ag troid faoi na gráinneoga; ní fada go raibh an Bhanríon oibrithe ar fad ar fad, agus bhí sí ag dul timpeall ag greadadh a cos agus ag béiceadh "Baintear an cloigeann de!" nó "Baintear an cloigeann di!" thart ar uair amháin in aghaidh an nóiméid.

Tháinig an-imní ar Eilís: is cinnte nach raibh aighneas ar bith aici leis an mBanríon fós, ach bhí a fhios aici go bhféadfadh a leithéid titim amach am ar bith, "agus ansin," a

smaoinigh sí, "cad a tharlódh dom? Tá dúil chráite sa dícheannadh acu anseo; is é an t-iontas mór go bhfuil duine ar bith fanta ina bheatha!"

Bhí Eilís ag féachaint timpeall ag lorg bealach éalaithe agus í ag fiafraí di féin arbh acmhainn di imeacht i ngan fhios, nuair a thug sí feic aisteach san aer: ba mhór an mearbhall a chuir sé uirthi ar dtús, ach tar éis féachaint air ar feadh cúpla nóiméad, rinne sí amach gur cár gáire a bhí ann, agus is éard a dúirt sí léi féin "Is é an Cat Clárach atá ann; anois beidh duine agam le labhairt leis."

"Conas tá tú ag teacht ar aghaidh?" a d'fhiafraigh an Cat, a thúisce is a bhí a dhóthain béil aige le labhairt tríd.

D'fhan Eilís gur nocht na súile agus ansin chlaon sí a ceann. "Cén mhaith caint leis go nochtfaidh a chluasa, nó leathchluas leis ar a laghad?" Faoi cheann scaithimh eile bhí an cloigeann go léir le feiceáil agus ansin leag Eilís a lasairéan uaithi, agus thosaigh ag tabhairt cuntais ar an gcluiche dó. Bhí an-áthas uirthi go raibh duine aici a d'éistfeadh léi.

Dhealraigh sé gur cheap an Cat go raibh a dhóthain de ann agus níor nocht aon chuid eile.

"Ní dóigh liom gur cothrom an chaoi a n-imríonn siad," a dúirt Eilís ar dtús agus iarracht den chlamhsán ar a glór, "agus bíonn siad go léir ag aighneas lena chéile chomh fíochmhar sin nach féidir le duine a chaint féin a chloisteáil—ach feictear dom nach bhfuil aon riail faoi leith acu; ar a laghad, má tá rialacha ann, ní thugann aon duine aird ar bith orthu—agus ní chreidfeá an mearbhall a chuireann sé ar dhuine na rudaí uile a bheith beo; sin é an áirse, cuir i gcás, ar gá dom dul tríd agus tá sé ag siúl timpeall ag an gceann thall den fhaiche—agus ba chóir dom gráinneog na Banríona a thiomáint ar baillín beag, ach gur rith sí léi nuair a chonaic sí mo cheannsa ag teacht."

"Conas a thaitníonn an Bhanríon leat?" a d'fhiafraigh an Cat de ghlór íseal.

"Ní thaitníonn ar chor ar bith," arsa Eilís, "tá sí chomh huafásach—" Thug sí faoi deara ag an nóiméad sin go raibh an Bhanríon ina seasamh taobh thiar di: mar sin lean sí uirthi "—maith ag an gcluiche; is cinnte gurb ise a ghnóthóidh, agus ní fiú mar sin leanúint ar aghaidh ag imirt."

Rinne an Bhanríon meangadh gáire agus chuaigh ar aghaidh.

"Cé leis a bhfuil tú ag caint?" a d'fhiafraigh an Rí di, agus é ag teacht aníos chuig Eilís agus ag breathnú ar chloigeann an Chait go fiosrach.

"Cara liom atá ann—is Cat Clárach é," arsa Eilís. "Lig dom é a chur in aithne duit."

"Ní maith liom ar chor ar bith an chuma atá air," a dúirt an Rí; "ach más maith leis, tá cead aige mo lámh a phógadh."

"B'fhearr liom gan," a dúirt an Cat.

"Ná bí deiliúsach," arsa an Rí, "agus ná féach orm mar sin!" Sheas sé taobh thiar d'Eilís le linn na cainte dó.

"Tá cead ag cat féachaint ar an rí," a dúirt Eilís. "Léigh mé é sin i leabhar éigin, ach ní cuimhin liom cén ceann."

"Bhuel, ní mór é a thabhairt chun siúil," a dúirt an Rí go diongbháilte, agus ghlaoigh sé ar an mBanríon, a bhí ag dul thar bráid ag an nóiméad sin, "A stór! Ba mhaith liom go dtabharfaí an cat seo chun siúil!"

Ní raibh ach bealach amháin ag an mBanríon le gach uile fhadhb a réiteach, ba chuma cé acu beag nó mór í. "Baintear an cloigeann de!" a dúirt sí gan breathnú timpeall fiú amháin.

"Gheobhaidh mé féin an básadóir," arsa an Rí agus d'imigh sé leis faoi dheifir.

Shíl Eilís go mb'fhearr di dul ar ais go bhfeicfeadh sí conas mar a bhí an cluiche ag teacht ar aghaidh, mar chuala sí glór na Banríona i bhfad i gcéin agus í ag scréachaíl le teann feirge. Chuala Eilís ag daoradh triúr imreoirí chun báis cheana féin í, toisc gur chaill siad a seal imeartha, agus níor thaitin léi an chuma a bhí ar chúrsaí ar chor ar bith, mar bhí an cluiche chomh trína chéile sin nach mbíodh a fhios aici an é a seal féin a bhíodh ann nó nach é. D'imigh Eilís léi ar thóir a gráinneoige féin.

Is ag troid le gráinneog eile a bhí a gráinneog sise, agus chonacthas d'Eilís gurbh iontach an deis é sin ceann díobh a thiomáint leis an gceann eile: ba é an t-aon fhadhb a bhí aici go raibh a lasairéan féin imithe leis chuig an taobh thall den fhaiche, agus chonaic Eilís é ag iarraidh go mí-éifeachtach eitilt suas i gcrann.

Faoin am ar rug sí ar an lasairéan agus é a thabhairt ar ais, bhí deireadh leis an troid agus bhí an dá ghráinneog imithe as amharc: "Ach is cuma dáiríre," a smaoinigh Eilís, "mar tá na háirsí imithe den taobh seo den pháirc." Shac sí an lasairéan mar sin as an tslí faoina hascaill, ionas nach n-éalódh sé arís, agus chuaigh ar ais arís chun tuilleadh comhrá a dhéanamh lena cara.

Nuair a tháinig sí ar ais chuig an gCat Clárach, b'ionadh léi go raibh slua mór bailithe ina thimpeall: bhí argóint ar siúl idir an básadóir, an Rí agus an Bhanríon; bhí siad uile ag caint in éineacht, fad is a bhí na daoine eile ina dtost ar fad, agus dreach fíor-mhíchompordach orthu.

A thúisce is a tháinig Eilís, d'agair an triúr í ag lorg a comhairle chun an cheist a réiteach, agus chuir siad a gcuid argóintí faoina bráid, ach ó bhí siad go léir ag caint ag an aon am amháin, ba rídheacair di meabhair ar bith a bhaint as rud ar bith dá ndeiridís.

Ba é áitiú an bhásadóra nach bhféadfaí ceann a bhaint mura mbeadh colainn ann freisin chun an ceann a bhaint di: nach raibh air a leithéid a dhéanamh riamh cheana, agus nach dtosódh sé á dhéanamh ag an aois sin dá shaol.

Ba é a dúirt an Rí, go bhféadfaí aon ní a dhícheannadh a raibh ceann aige, agus nár cheadmhach ráiméis a labhairt.

Ba é a dúirt an Bhanríon, mura ndéanfaí rud éigin faoin scéal go hachomair, go n-ordódh sí féin go mbainfí an cloigeann de gach uile dhuine a bhí i láthair. (Ba é an ráiteas deireanach sin a chuir cuma na himní agus an mhí-shuaimhnis ar an gcomhluadar uile.)

Níor fhéad Eilís smaoineamh ar aon rud a déarfadh sí ach, "Is leis an mBandiúc an Cat; ba chóir daoibh fiafraí dise faoi."

"Sa phríosún atá sí sin," arsa an Bhanríon leis an mbásadóir: "tabhair chugamsa anseo í." D'imigh an básadóir leis mar a bheadh saighead ann.

Ní túisce a d'imigh sé, ná thosaigh cloigeann an Chait ag dul as amharc, agus faoin am ar tháinig an básadóir ar ais agus an Bandiúc fairis, bhí sé imithe ar fad; thosaigh an Rí agus an básadóir ag rith suas is anuas mar sin á thóraíocht, fad is a chuaigh an chuid eile díobh ar ais chuig an gcluiche.

CAIBIDIL IX

SCÉAL AN TURTAIR BHRÉIGE

"Ní féidir leat a shamhlú a shásta is atáim thusa a fheiceáil arís, a sheanchara dhil!" arsa an Bandiúc, agus í ag sacadh a láimhe go ceanúil faoi ascaill Eilíse agus iad ag siúl ar aghaidh le chéile.

Ba chúis áthais le hEilís í a fháil agus giúmar grianmhar mar sin uirthi, agus dúirt sí léi féin go mb'fhéidir gurb é an piobar a rinne chomh fíochmhar sin í nuair a casadh ar a chéile sa chistin iad.

"Nuair a bheidh mise i mo Bhandiúc," a dúirt Eilís léi féin, (gan mórán dóchais, áfach), "féachaidh mé chuige nach mbeidh piobar ar bith i mo chinstinse. Bíonn anraith sách maith dá uireasa—B'fhéidir gurb é an piobar a chuireann confadh ar dhaoine i gcónaí," a dúirt sí ag leanúint uirthi, agus í an-sásta léi féin gur aimsigh sí cineál de riail nua, "agus is é an fínéagar a dhéanann géar iad—agus fíogadán a dhéanann searbh iad—agus—agus eornóg agus a leithéid a chuireann giúmar milis séimh ar pháistí. Faraor nach bhfuil sé sin ar eolas ag na daoine: dá mbeadh a fhios, ní bheidís chomh gortach leis, tá a fhios agat—"

Bhí an Bandiúc dearmadtha glan aici faoin am sin, agus baineadh iarracht de gheit aisti nuair a d'airigh sí a glór ina cluas, "Is ag smaoineamh ar rud éigin atá tú, a stór, agus fágann sé sin go ndéanann tú dearmad ar a bheith ag caint. Ní féidir liom a rá leat i láthair na huaire cén teagasc atá le baint as sin, ach cuimhneoidh mé ar ball air."

"B'fhéidir nach bhfuil teagasc ar bith le baint as," a dúirt Eilís go hamhrasach.

"Seo, seo, a linbh!" arsa an Bandiúc. "Tá teagasc le baint as gach uile rud ach é a aimsiú." Agus d'fháisc sí í féin ní ba ghaire do thaobh Eilís le linn na cainte sin.

Is beag a thaitin sé le hEilís coinneáil chomh cóngarach sin di: ar an gcéad dul síos, is urghránna amach is amach a bhí an Bandiúc; ar an dara dul síos, bhí sí go baileach den airde cheart chun a smig a leagan ar ghualainn Eilíse, agus ba mhíchompordach géar an smig a bhí ann. Ach ó nár theastaigh ó Eilís a bheith drochmhúinte, d'fhulaing sí é chomh maith agus a bhí sí in ann.

"Is fearr atá an cluiche ag dul ar aghaidh anois," a dúirt sí chun an comhrá a choinneáil suas beagán.

"Is fíor duit é," arsa an Bandiúc, "agus is é an teagasc atá le baint as sin—'Ó, is é an grá, is é an grá a chuireann an domhan timpeall!'"

"Dúirt duine éigin," arsa Eilís de chogar, "gurbh é gach uile dhuine ag tabhairt aire dá ghnó féin a dhéanfadh é sin."

"Muise, is é an dá mhar a chéile é," arsa an Bandiúc agus sháigh sí a smig bheag ghéar isteach i ngualainn Eilíse fad is a dúirt sí freisin, "agus is é a theagasc sin, 'I ndiaidh a chéile a theanntar na coscáin.'"

"Nach maith a thaitníonn leat teagasc a bhaint as rudaí!" a dúirt Eilís léi féin.

"Is dócha gur ag fiafraí díot féin atá tú cén fáth nár chuir mé mo lámh i do thimpeall," arsa an Bandiúc tar éis scaithimh, "Is é an fáth atá leis go bhfuil amhras orm faoi mheon an lasairéin sin agatsa. An dtriailfidh mé é?"

"B'fhéidir go bpiocfadh sé thú," a dúirt Eilís go hairdeallach, mar ní raibh fonn ar bith uirthi go dtriailfí an rud.

"Is fíor duit é go deimhin," arsa an Bandiúc. "Piocann lasairéin agus mustard araon. Agus is é an teagasc atá ansin—'Aithníonn ciaróg ciaróg eile.'"

"Ach ní feithid lasairéan ná mustard," a dúirt Eilís.

"Is fíor duit é, mar is iondúil," arsa an Bandiúc: "Nach soiléir mar a chuireann tú thú féin in iúl!"

"Is mianra atá ann, is dóigh liom," arsa Eilís.

"Is ea go deimhin," arsa an Bandiúc, a bhí sásta de réir cosúlacht aontú le gach dá ndéarfadh Eilís; "tá mianach mór mustaird gar don áit seo. Agus is é an teagasc atá ansin, 'Níl aon mhian ach do mhiansa agam.'"

"Ó, tá a fhios agam anois!" a ghlaoigh Eilís, nár thug aird ar bith ar an rud deireanach a dúirt an Bandiúc, "is glasra atá ann, bíodh nach é sin an chuma atá air."

"Táim ar aon fhocal leat go díreach," arsa an Bandiúc, "agus is é an teagasc atá le baint as sin—'Bí mar ba mhaith leat cuma a bheith ort'—nó dá mba mhaith leat é a rá níos simplí—'Ná samhlaigh thú féin go deo gan a bheith ar mhalairt chaoi lena bhfeicfí do dhaoine eile nárbh é an méid a bhí ionat nó a d'fhéadfadh a bheith ionat gan a bheith éagsúil lena samhlófaí dóibh a raibh ionat tráth a bheith ar mhalairt chaoi.'"

"Is dóigh liom," a dúirt Eilís go múinte, "gur fearr a thuigfinnse é sin dá bhfeicfinn scríofa síos é: ach ní rómhaith an mheabhair a bhainim as agus tú á rá."

"Ní dada é sin le hais a bhféadfainn a rá, dá mba mhian liom," a d'fhreagair an Bandiúc go sásta.

"Ná bí do do bhuaireamh féin, le do thoil, é a rá níos faide ná é sin," a dúirt Eilís.

"Ná luaigh buaireamh liom!" a dúirt an Bandiúc. "Tabharfaidh mé duit mar bhronntanas gach dá bhfuil ráite agam go dtí seo."

"Is neamhchostasach an bronntanas é sin!" a smaoinigh Eilís, "Is deas liom nach dtugtar bronntanais lá breithe den chíneál sin!" Ach ní leomhfadh sí é a rá os ard.

"An ag smaoineamh atá tú arís?" a dúirt an Bandiúc, agus sháigh sí a smigín ghéar in Eilís arís.

"Tá cead agam smaoineamh," a dúirt Eilís go crosta, mar bhí imní ag teacht uirthi.

"Tá an oiread de cheart agat agus atá ag na muca le bheith ag eitilt; agus an teag—"

Agus ansin, rud ab iontach le hEilís, d'imigh glór an Bhandiúc i léig, i lár a rogha d'fhocal "teagasc" agus an lámh a bhí faoi ascaill Eilíse, thosaigh sí ar crith. D'fhéach Eilís suas, agus cé a bheadh ina seasamh ansin os a gcomhair ach an Bhanríon, a dhá lámh crosáilte aici agus místá mar a bheadh stoirm toirní uirthi.

"An-lá, do Mhórgacht!" a dúirt an Bandiúc de ghlór lag íseal.

"Tugaim rabhadh réasúnta duit," a bhéic an Bhanríon agus í ag greadadh a coise ar an talamh; "caithfidh tusa nó do chloigeann imeacht, agus é sin chomh luath agus is féidir nó níos luaithe fós! Bíodh do rogha agat!"

Bhí a rogha ag an mBandiúc agus d'imigh sí ar an bpointe.

"Leanaimis leis an gcluiche," arsa an Bhanríon le hEilís; agus bhí an iomarca faitís ar Eilís gan focal ar bith a rá, ach lean sí go malltriallach ar ais chuig an bpáirc cróice í.

Nuair a d'imigh an Bhanríon, chonaic na haíonna eile a seans, agus bhí siad ag ligean a scíthe sa scáth: a thúisce, áfach, is a chonaic siad í, dheifrigh siad ar ais chuig an gcluiche, agus ní dúirt an Bhanríon dada ach go gcaillfidís a mbeatha dá ndéanfaidís an mhoill ba lú.

Chomh fada is a bhíothas ag imirt níor éirigh an Bhanríon as aighneas leis na himreoirí eile agus bhíodh sí de shíor ag béiceadh "Baintear an cloigeann de!" nó "Baintear an cloigeann di!" Nuair a dhaoradh sí duine mar sin, ghabhadh na saighdiúirí é, agus ar ndóigh bhíodh orthu sin éirí as feidhmiú mar áirsí. Faoi cheann leathuair a chloig nó mar sin, ní raibh áirse ar bith fágtha, agus bhí na himreoirí uile cé is moite den Bhanríon is den Rí i ngéibheann faoi bhreith bháis.

Stad an Bhanríon ansin agus í rite as anáil, agus d'fhiafraigh sí d'Eilís, "An bhfaca tú an Turtar Bréige fós?"

"Ní fhaca," a dúirt Eilís. "Níl a fhios agam cad is Turtar Bréige ann fiú."

"Is é an rud é a ndéantar Anraith Turtar Bréige de," a dúirt an Bhanríon.

"Ní fhaca mé ná níor chuala mé ceann riamh," arsa Eilís.

"Téanam ort, mar sin," a dúirt an Bhanríon, "agus inseoidh sé a stair duit."

Nuair a bhí an bheirt acu ag siúl chun bealaigh, chuala Eilís an Rí de ghlór íseal ag rá leis an gcomhluadar i gcoitinne, "Tá pardún agaibh uile go léir."

"Féach, nach maith an rud é sin!" arsa sise léi féin, mar bhí imní uirthi i ngeall ar líon na mbásanna a bhí ordaithe ag an mBanríon.

Níorbh fhada gur tháinig siad fad le Gríobh ina luí ina shámchodladh faoin ngrian. (Mura bhfuil a fhios agat cad is Gríobh ann, féach ar an bpictiúr.) "Suas leat, a leisceoir!" a dúirt an Bhanríon agus tabhair an cailín seo ar cuairt chuig an Turtar Bréige chun go gcloisfidh sí a scéal. "Caithfidh mise filleadh agus aire a thabhairt do roinnt básuithe a d'ordaigh mé;" agus shiúil sí léi gur fhág sí Eilís agus an Ghríobh ina n-aonair le chéile. Ní rómhaith a thaitin cuma an bheithígh léi, ach shíl sí go mbeadh sé chomh sábháilte tríd is tríd fanacht in éineacht leis agus a bheadh sé an Bhanríon fhíochmhar sin a leanúint. Mar sin d'fhan sí mar a raibh sí.

Shuigh an Ghríobh aniar gur chuimil a dhá shúil; ansin d'fhéach sé ar an mBanríon go raibh sí as amharc. Rinne sé maolgháire ansin agus dúirt, "Nach mór an spórt é!"

"Céard é an spórt?" a d'fhiafraigh Eilís.

"Ise, arú," a dúirt an Ghríobh. "Is é a samhlaíocht sise go léir é: ní chuirtear duine ar bith chun báis in aon chor, tá a fhios agat. Siúil leat!"

"'Siúil leat!' a deir gach uile dhuine anseo," a smaoinigh Eilís, agus í á leanúint go mall, "Ní bhfuair mé an oiread céanna orduithe riamh i mo shaol!"

Is gairid a chuaigh siad nuair a chonaic siad tamall uathu ina shuí ar leac bheag chloiche an Turtar Bréige go brónach uaigneach. Nuair a tháinig siad fad leis, chuala Eilís go raibh gach aon osna as gur dhóigh léi go ndéanfadh dhá leath dá chroí. Bhí an-trua ag Eilís dó. D'fhiafraigh sí den Ghríobh cad a bhain don Turtar Bréige gur thit sé chomh mór sin i mbrón. "Níl aon chúis bróin aige, ach is dóigh leis go bhfuil. Siúil leat!"

Chuaigh siad suas go dtí an áit a raibh an Turtar Bréige, agus d'fhéach seisean orthu lena dhá shúil lán le deora ach ní dúirt sé dada."

"Teastaíonn ón gcailín beag seo," a dúirt an Gríobh, "fios fátha do scéil a chloisteáil, teastaíonn sin."

"Suígí síos, an bheirt agaibh," a dúirt an Turtar Bréige de ghlór toll domhain, "agus ná labhraíodh ceachtar agaibh aon fhocal go mbeidh deireadh le mo scéal."

Shuigh siad síos mar sin agus níor labhair aon duine ar feadh roinnt nóiméad. "Ní thuigim cén chaoi ar féidir leis deireadh a chur lena scéal, mura dtosóidh sé ar dtús é," arsa Eilís léi féin. Ach d'fhan sí go foighneach.

"Bhí tráth ann," a dúirt an Turtar Bréige sa deireadh le hosna a tháinig ba dhóigh leat aníos as ordóga a chos, "nuair is Turtar ceart fíre a bhí ionam."

Tháinig ciúnas fada ina dhiaidh sin. Ní raibh fuaim ar bith le cloisteáil leis an gciúnas a bhriseadh ach "Hjcrrth!" a chuireadh an Ghríobh mar agall as ó am go ham agus síorshnagaíl an Turtar Bréige. Is beag nach raibh rún ag Eilís éirí go ndéarfadh sí, "Táim fíorbhuíoch díot, a dhuine uasail, as do scéal inspéise!" ach shíl sí go gcaithfeadh sé go raibh tuilleadh le teacht. D'fhan sí ina suí mar sin ag fanacht go foighneach.

"Nuair a bhíomar beag," a dúirt an Turtar Bréige sa deireadh, "théimis ar scoil san fharraige." Ba shuaimhní an Turtar Bréige faoin am sin, ach bhí meacan an chaointe ina ghlór i gcónaí. "Seanturtar a bhí sa mháistir—Toirtís a thugaimisne air—"

"Cén fáth a dtugadh sibh Toirtís air," a d'fhiafraigh Eilís, "murar thoirtís é dáiríre?"

"Toirtís a thugaimis air," a dúirt an Turtar Bréige go colgach, "toisc go raibh toirtéis ag roinnt leis. Is an-dall an cailín beag thú!"

"Ba chóir náire a bheith ort," arsa an Ghríobh léi, "a leithéid de cheist shimplí a chur." D'fhan an bheirt acu ina dtost agus iad ag féachaint ar Eilís bhocht, ar theastaigh uaithi go slogfadh an talamh í. Sa deireadh thiar is amhlaidh a dúirt an Ghríobh leis an Turtar Bréige, "Tiomáin leat, a mhic! Ná caith an lá ar fad ag gabháil dó!" Is mar seo a lean an Turtar Bréige lena scéal:—

"Is ea, is san fharraige a théimis ar scoil, cé go ndéarfá nach gcreideann tú é—"

"Ní dúirt mé riamh nár chreid mé," a dúirt Eilís ag briseadh isteach air.

"Dúirt tú anois é," a dúirt an Turtar Bréige.

"Éist do bhéal!" arsa an Ghríobh sula raibh uain ag Eilís labhairt arís. Lean an Turtar Bréige leis: "Scoth an oideachais a fuaireamar—leis an bhfírinne a dhéanamh, théimis ar scoil gach aon lá beo—"

"Bhí mise ar scoil lae freisin," a dúirt Eilís. "Ní gá duit mórtas a bheith ort."

"An ndéantá rudaí breise?" a d'fhiafraigh an Turtar Bréige, agus iarracht den imní air.

"Dhéanainn," arsa Eilís, "D'fhoghlaimímis Fraincis agus ceol."

"Agus níochán?" a d'fhiafraigh an Turtar Bréige.

"Ní fhoghlaimímis cinnte!" a dúirt Eilís go míshásta.

"Ní scoil fhíormhaith a bhí i do scoilse mar sin," a dúirt an Turtar Bréige agus bhí an faoiseamh a bhí air le brath ar a ghlór. "Anois, sa scoil seo againne, bhíodh scríofa ag deireadh an bhille, 'Táillí breise: Fraincis, ceol *agus níochán*.'"

"Is ar éigean a theastaíodh níochán uait agus tú i do chónaí thíos faoin bhfarraige," arsa Eilís.

"Níorbh acmhainn dom é a fhoghlaim," a dúirt an Turtar Bréige agus lig sé osna. "An gnáthchúrsa amháin a rinne mise."

"Cad a bhí ansin?" a d'fhiafraigh Eilís.

"Léim agus Sníomh mar thús, ar ndóigh," a d'fhreagair an Turtar Bréige, "agus ansin brainsí éagsúla na hUimhríochta—Imiú, Bealú, Folrú agus Fuint."

"Níor chuala mé trácht riamh cheana ar 'Imiú'," arsa Eilís, "Cad atá ann?"

D'ardaigh an Ghríobh a dhá lapa tosaigh le teann iontais. "Níor chuala tú trácht ar imiú riamh!" a dúirt sé de bhéic. "Tá a fhios agat, is dóigh liom, cad is brí le bealú?"

"Tá a fhios," a dúirt Eilís go hamhrasach, "is éard is brí leis—ola—a chur ar rud."

"Agus im a chur ar rud is brí le himiú," a dúirt an Ghríobh. "Mura dtuigeann tú é sin, is óinseach cheart thú."

Níor spreag an méid sin Eilís chun ceist eile a chur ina thaobh: chas sí mar sin ar an Turtar Bréige go ndúirt "Cad eile a bhí le foghlaim agat?"

"Bhuel, bhí an Spairn ann," a d'fhreagair an Turtar Bréige, agus é ag comhaireamh na n-ábhar ar a lapaí, "Sean-Spairn agus Nua-Spairn, agus Sní-eolaíocht: ansin bhíodh Arraing againn—seaneascann a bhí sa mháistir sin; thagadh sé uair amháin in aghaidh na seachtaine chun Bréitseáil, Féinteáil, agus Ealaíon na hArrainge a mhúineadh dúinn.

"Cén sórt ruda a bhí ansin?" a d'fhiafraigh Eilís.

"Ní féidir liomsa é a thaispeáint duit," a dúirt an Turtar Bréige: "Is ró-dholúbtha atáim; agus níor fhoghlaim an Ghríobh riamh é."

"Ní bhíodh an t-am agam," a dúirt an Ghríobh. "Théinnse chuig máistir na gClasaicí, áfach. Seanphortán a bhí sa mháistir sin."

"Ní dheachaigh mé riamh chuige," a dúirt an Turtar Bréige agus lig sé osna. "Leaba agus Gléasadh a mhúineadh seisean, a deirtí."

"Is ea, go deimhin," arsa an Ghríobh, ag ligean osna ar a sheal: agus chas an bheirt uaithi agus d'fholaigh siad a n-aghaidh lena lapaí.

"Agus cé mhéad uair an chloig a bhíodh ranganna agaibh," a d'fhiafraigh Eilís, mar bhí deifir uirthi ábhar an chomhrá a athrú.

"Deich n-uaire an chloig an chéad lá," a dúirt an Turtar Bréige, "naoi n-uaire an lá ina dhiaidh sin, agus mar sin de."

"Nach aisteach an sceideal ranganna a bhíodh agaibh!" a dúirt Eilís le hiontas.

"Sin an fáth a ndeirtear 'sceideal ranganna'," arsa an Ghríobh, "Bíonn sceideal ar na ranganna laghdú ó lá go lá."

Chuir leagan amach aisteach na ranganna an-iontas ar Eilís. D'fhan sí tamall sula ndúirt sí go smaointeach "Is dócha go mbíodh lá saoire agaibh an t-aonú lá déag."

"Bhíodh, cinnte," a dúirt an Turtar Bréige.

"Agus cad a dhéanadh sibh an dara lá déag," a d'fhiafraigh Eilís go fiosrach.

"Is leor é sin faoi ranganna," a dúirt an Ghríobh go daingean. "Inis di rud éigin faoi na cluichí anois."

CAIBIDIL X

CUADRAILL NA nGLIOMACH

Lig an Turtar osna dhomhain agus chuimil sé a lapa mór trasna a dhá shúil. D'fhéach sé ar Eilís agus thug sé iarracht ar labhairt léi, ach ní fhéadfadh sé focal a thabhairt leis go ceann píosa, tháinig a leithéid sin de thocht ar a chroí. "Ba dhóigh leat go raibh cnámh sa scornach á thachtadh," arsa an Ghríobh; agus thosaigh sé á chroitheadh agus á bhualadh sa droim. Fuair an Turtar Bréige a ghlór sa deireadh thiar, agus thosaigh ag caint arís agus na deora ag sileadh go fras síos a leicne:—

"Is dócha gur beag de do shaol a chaith tú faoin bhfarraige—" ("Níor chaitheas aon chuid de," arsa Eilís)— "agus is dócha nár cuireadh in aithne do ghliomach riamh thú—" ("D'ith mé gliom—" a dúirt Eilís ach choisc sí í féin faoi dheifir go ndúirt "Níor cuireadh riamh.") "—agus mar sin de níl aon tuiscint agat cad é an spórt é Cuadraill na nGliomach!"

"Níl tuiscint ar bith, muise," a dúirt Eilís. "Cén cineál rince atá ann?"

"Mar seo," a dúirt an Ghríobh, "caithfidh gach éinne seasamh in aon líne amháin i ndiaidh a chéile ar an trá—"

"Dhá líne!" a ghlaoigh an Turtar Bréige. "Róin, turtair, bradáin, agus mar sin díobh: agus ansin nuair a bhíonn na smugairlí róin curtha as an mbealach agaibh—"

"Tógann sé sin roinnt ama go hiondúil," a dúirt an Ghríobh ag cur isteach air.

"—téann gach rinceoir chun tosaigh agus i ndiaidh a chúil dhá uair—"

"Bíonn gliomach mar pháirtí ag gach éinne," a dúirt an Ghríobh.

"Is ea, ar ndóigh," arsa an Turtar Bréige, "gach éinne chun tosaigh agus ar ais arís dhá uair agus ansin d'aghaidh a thabhairt ar do pháirtí—"

"—déan malairt ghliomaigh agus tar ar ais go dtí d'áit féin arís," a dúirt an Ghríobh.

"Tá a fhios agat ansin," a dúirt an Turtar Bréige, "go gcaitear—"

"Na gliomaigh!" dúirt an Ghríobh ag baint an fhocail as béal an Turtair Bhréige agus ag tabhairt léim as a chabhail in airde.

"—chomh fada amach san fharraige agus a fhéadfaidh tú—"

"Snámh ina ndiaidh ansin," arsa an Ghríobh de scréach.

"Iompaigh toll thar ceann san fharraige ansin," arsa an Turtar Bréige agus é a pramsáil timpeall.

"Malairt ghliomaigh arís!" a dúirt an Ghríobh in ard a ghutha.

"Gach éinne a theacht i dtír arís ansin, agus—sin é deireadh leis an gcéad bhabhta," arsa an Turtar Bréige go ciúin mín macánta, agus an dá bheithíoch a bhí fiáin mear roimhe sin, shuigh siad síos go dubhach dobrónach agus iad ag cur a súl trí Eilís.

"Rince an-deas atá ann, is dócha," a dúirt Eilís go faiteach.

"Ar mhaith leat cuid de a fheiceáil," a dúirt an Turtar Bréige.

"Ba mhaith go deimhin," arsa Eilís.

"Is ea, bainimis triail as an gcéad bhabhta!" arsa an Turtar Bréige leis an nGríobh. "Is féidir linn é a dhéanamh gan na gliomaigh, tá a fhios agat. Cé a déarfaidh an t-amhrán?"

"Ó, abairse an t-amhrán," arsa an Ghríobh, "Tá sé dearmadta agamsa."

Seo chun an damhsa an bheirt acu. Sheasaídís anois is arís ar chosa Eilíse nuair a thagaidís gairid di, agus bhí a dhá lapa in airde acu araon agus iad á gcroitheadh chun a thaispeáint go raibh siad ag coimeád istigh leis an gceol. Agus bhí an Turtar Bréige ag gabháil an amhráin seo go mall righin brónach:—

Dúirt an faoitín leis an seilide, "Géaraigh beagán ar do shiúl.
Muc mhara atá laistiar dínn; tá sí ag spágáil ar mo chúl.
Féach na turtair is na gliomaigh 's iad ag teacht ar aghaidh
*   go binn;*
táid ag fanacht ar an gcladach—an dtiocfaidh tú ag damhsa
*   linn?*
*   An dtiocfaidh tú, nach dtiocfaidh tú, an dtiocfaidh tú ag*
*   damhsa linn?*
*   An dtiocfaidh tú, nach dtiocfaidh tú, nach dtiocfaidh tú*
*   ag damhsa linn?*

"Ní féidir leat a shamhlú a dheise a bheidh sé nuair
a thógfar is a theilgfear sinn amach sa sáile fuar."
Dúirt an seilide, "Rófhada dom!" Bhí amhras air is sceon.
Ghabh sé buíochas leis an bhfaoitín ach ní thiocfaidh sé ag
*   damhsa leo.*

*Ní thiocfadh sé, ní thiocfadh leis, ní thiocfadh ag damhsa
    leo!
Ní thiocfadh sé, ní thiocfadh leis, ní thiocfadh leis
    damhsa leo!*

*"Nach cuma an fad a rachfar?" d'fhiafraigh faoitín lách na
    lann,
"Beidh a fhios agat go bhfuil talamh ann nuair a fheicfear
    an cósta thall.
Dá fhad an tslí ó Éirinn is giorra don Bhreatain sinn.
Ná bíse tréith, a sheilide shéimh, ach tar ag damhsa linn.
    An dtiocfaidh tú, nach dtiocfaidh tú, an dtiocfaidh tú ag
        damhsa linn?
    An dtiocfaidh tú, nach dtiocfaidh tú, nach dtiocfaidh tú
        ag damhsa linn?"*

"Go raibh maith agaibh araon; damhsa iontach deas is ea é," arsa Eilís. Ba mhór an faoiseamh di deireadh a bheith leis: "agus is mór mar a thaitin an t-amhrán faoin bhfaoitín liom!"

"Ó, maidir leis an bhfaoitín," a dúirt an Turtar Bréige, "bíonn siad—chonaic tú iad, ar ndóigh?"

"Chonaic," arsa Eilís, "is minic a chonaic mé iad ag dinn—" is chuir sí cosc léi féin go tapa.

"Níl a fhios agam beo cá bhfuil Dinn," arsa an Turtar Bréige; "ach má chonaic tú iad, ní foláir nó tá a fhios agat cén dreach atá orthu."

"Is dóigh liom é," a dúirt Eilís go smaointeach. "Bíonn a n-eireaball ina mbéal acu—agus iad clúdaithe le grabhróga aráin."

"Tá dul amú ort faoi na grabhróga," a dúirt an Turtar Bréige: "Thiocfadh grabhróga díobh san fharraige. Ach is ina mbéal a bhíonn a n-eireaball ceart go leor; agus is é an fáth atá leis sin—" rinne an Turtar Bréige méanfach ag an bpointe sin agus dhún a dhá shúil. "Inis an fáth di agus mar sin de," a dúirt sé leis an nGríobh.

"Seo mar atá," a dúirt an Ghríobh, "theastaigh uathu dul leis na gliomaigh chuig an damhsa. Caitheadh amach san fharraige mar sin iad. Thit siad chomh fada sin go ndeachaigh a n-eireaball i bhfostú ina mbéal. Ní fhéadfaí na heireabaill a bhaint amach arís."

"Táim fíorbhuíoch díot," arsa Eilís, "is an-spéisiúil an scéal é. Ní raibh an oiread sin ar eolas agam faoi na faoitíní roimhe seo."

"D'fhéadfainn a lán eile a insint duit, dá mba mhian leat," a dúirt an Ghríobh. "An bhfuil a fhios agat cén t-iasc is plámásaí?"

"Is eagal liom nach bhfuil a fhios," a dúirt Eilís. "Ní raibh a fhios agam go bhféadfadh na héisc a bheith plámásach fiú."

"Muise, bíonn a bhformhór mór an-sleamhain, an bhfuil a fhios agat? Ach is é an plás an ceann is measa díobh gan amhras," a dúirt an Ghríobh go sollúnta. "D'fhéadfadh ribe róibéis ar bith é sin a insint duit."

"Agus an bhfuil iasc ar bith ann nach mbíonn plámásach?" a d'fhiafraigh Eilís.

"Na concair, deile!" a ghlaoigh an Ghríobh go láidir.

"Ní thuigim thú, a dhuine uasail," a dúirt Eilís go híseal, "mar níl a fhios agam cad is "concair" ann."

"Eascannaí móra is ea iad sin," a dúirt an Turtar Bréige. "Níl bladar ná plámás ar bith a roinnt leo."

"Féach," arsa an Ghíobh, "inis dúinn beagán faoi do chuidse eachtraí."

"D'fhéadfainnse gach dár tharla dom a insint daoibh—ón maidin inniu i leith," a dúirt Eilís agus beagán scátha uirthi, "ach ní fhéadfainn dul siar go dtí an lá inné, mar is éagsúil an duine a bhí ionam an uair sin."

"Mínigh thú féin," a dúirt an Turtar Bréige.

"Ní hea, ní hea! Inis na heachtraí ar dtús," a dúirt an Ghríobh go mífhoighneach, "glacann míniúcháin an oiread sin ama."

Thosaigh Eilís mar sin ag cur síos ar ar tharla di ón gcéad uair a chonaic sí an Coinín Bán. Chuir an insint iarracht den imní uirthi ar dtús, mar bhí an dá bheithíoch chomh gar sin di, ceann acu ar gach aon taobh, agus a dhá súil agus a mbéal chomh leathan sin ar oscailt. Ach mhéadaigh ar a misneach de réir a chéile. D'fhan na héisteoirí ina dtost ar fad, go dtí gur thosaigh sí ar an gcaoi ar aithris sí "*Athair Liam*" don Speig Neanta agus gur tháinig na focail amach as a béal ina dtranglam ceart. Tharraing an Turtar Bréige anáil fhada ansin go ndúirt, "Nach aisteach an scéal é sin!"

"Is ar éigean a d'fhéadfadh sé a bheith ní b'aistí," a dúirt an Ghríobh.

"Tháinig na focail amach ina dtranglam ceart," a dúirt an Turtar Bréige leis féin go smaointeach. "Ba mhaith liom í a chloisteáil ag aithris dán éigin anois. Abair léi tosú." D'amharc sé ar an nGríobh amhail is dá mbeadh údarás éigin aige ar Eilís.

"Seas suas agus aithris '*Bhí an leisceoir ag clamhsán*'," a dúirt an Ghríobh.

"Nach uafásach an chaoi a dtugann na beithígh orduithe do dhuine á iarraidh air ceachtanna a aithris!" a dúirt Eilís léi féin. D'éirigh sí ina seasamh ina dhiaidh sin féin agus thosaigh á rá, ach bhí a ceann lán de Chuadraill na nGliomach agus is ar éigin a bhí a fhios aici cad a bhí sí a rá. Is an-aisteach an chuma a bhí ar na focail:—

> *"Bhí an Gliomach ag clamhsán is chualas a ghlór:*
> *'Cuirfead siúcra ar mo ghruaig, tá mé bruite rómhór.'*
> *Ar a chnaipí 's ar a bheilt a chuireann sé dreach*
> *lena shrón is ansin sánn sé a choisíní amach.*
> *Nuair is tirim an gaineamh siúd é ag imirt cleas*
> *is ag magadh faoi shiorcanna mara gan mheas.*
> *Le linn an lán mara tig siorcanna thart,*
> *'s ar an nGliomach ansin bíonn imeagla cheart."*

"Is an-éagsúil é sin leis an leagan a deirinnse nuair a bhíos óg," a dúirt an Ghríobh.

"Níor chuala mise riamh cheana é," arsa an Turtar Bréige, "ach feictear dom gur deargsheafóid atá ann."

Ní dúirt Eilís dada: bhí sí ina suí lena ceann ina lámha ag fiafraí di féin a dtitfeadh aon rud amach ceart arís go deo.

"Ba mhaith liom míniú a fháil air," arsa an Turtar Bréige.

"Níl sí in ann é a mhíniú," a dúirt an Ghríobh go deifreach, "Lean ort leis an gcéad rann eile."

"Ach céard faoina choisíní?" a d'fhiafraigh an Turtar Bréige go daingean. "Conas a d'fhéadfadh sé iad a chasadh amach lena shrón, an bhfuil a fhios agat?"

"Is é an chéad seasamh sa bhailé atá ann," arsa Eilís; ach chuir an scéal trína chéile ar fad í, agus ba mhór léi ábhar an chomhrá a athrú.

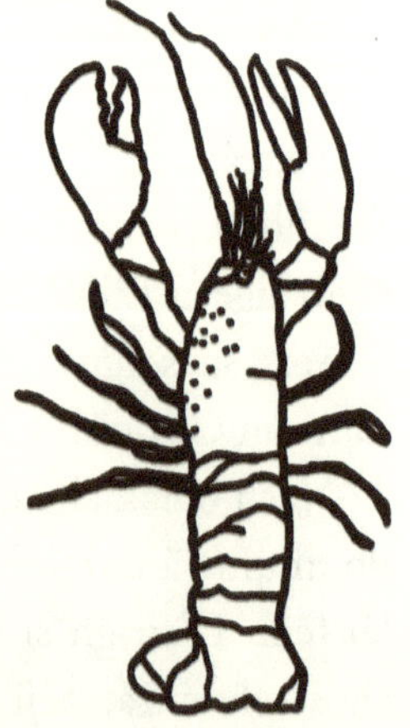

"Lean ort leis an gcéad rann eile," a dúirt an Ghríobh, "Is le '*Chuas thar a ghairdín*' a thosaíonn sé."

Ní bhfuair Eilís inti féin gan géilleadh, agus rinne sí rud air, cé go raibh sí cinnte go dtiocfadh sé uile amach mícheart. Lean sí uirthi, mar sin, agus bhí creathán ina glór:—

"Chuas thar a ghairdín is chonac pióg mhéith
á hithe ag Pantar is Ceann Cait araon.
D'ith an Pantar an t-anlann, an crústa is an fheoil,
an mhias 'fuair an Ceann Cait mar chiondáil den lón.
Ghlac an Ceann Cait ón bPantar le chuile dhea-mhéin
an spúnóg ar deireadh mar fhéirín dó féin.
Sciob an Pantar an scian is an ghabhlóg go hait
's mar chríoch ar an mbéile is ea d'ith an——"

"Cén mhaith duit a leithéid sin uile a aithris?" arsa an Turtar Bréige ag teacht roimpi, "mura ndéanfaidh tú é a mhíniú fad is a bheidh tú á rá? Níor chuala mé aon rud riamh ba mhó a chuir trína chéile mé."

"Is ea, is dóigh liom go mb'fhearr duit éirí as," a dúirt an Ghríobh, agus bhí ríméad ar Eilís an cead sin a fháil.

"An mbainfimid triail as babhta eile de Chuadraill na nGliomach?" a d'fhiafraigh an Ghríobh, "Nó arbh fhearr leat go ndéarfadh an Turtar Bréige amhrán eile?"

"Ó, amhrán eile, le bhur dtoil, má tá an Turtar Bréige chomh lách," a d'fhreagair Eilís leis an oiread sin foinn gur ghoill sí ar an nGríobh. "Hm! Beatha duine a thoil, is dócha," a dúirt seisean. "Abair '*Súp an Turtair*' di, a mhic ó!"

Lig an Turtar Bréige osna fhada as, agus cé go raibh tocht air, dúirt sé an t-amhrán seo a leanas de ghlór snagach:—

"Súp fíor-sho-bhlasta, glas is méith,
ag fanacht linn sa scála cré.
Cé nach mbeadh aige ann mórdhúil?
Súp an tráthnóna, fíorthogha an tSúip!
Súp an tráthnóna, fíorthogha an tSúip!
 Fíorthogha an tSú–úip!
 Fíorthogha an tSú–úip!
Sú–úp an trá–áthnóna,
 Fíorthogha, fíorthogha an tSúip!

"Súp fíor-sho-bhlasta. Nach cuma faoi iasc
nó faoi aon chineál eile bia—'s c
é nach mbeadh aige ann mórdhúil?
Súp an tráthnóna, fíorthogha an tSúip!
Súp an tráthnóna, fíorthogha an tSúip!
 Fíorthogha an tSú–úip!
 Fíorthogha an tSú–úip!
Sú–úp an trá–áthnóna,
 Fíorthogha, fíorthogha AN TSÚIP!"

"Abair an loinneog arís!" a ghlaoigh an Ghríobh agus bhí an Turtar Bréige ar tí a tosú, nuair a chualathas gáir i bhfad uathu a dúirt "Tá an triail ag tosú!"

"Téanam ort!" a liúigh an Ghríobh agus rug sé ar lámh Eilíse agus d'imigh faoi dheifir gan fanacht go gcloisfeadh sé deireadh an amhráin.

"Cén triail atá ann?" a d'fhiafraigh Eilís agus saothar uirthi leis an rith; ach ní dúirt an Ghríobh ach "Téanam ort!" agus is tapúla a thosaigh sé ag rith. Lena linn sin chualathas na focail bhrónacha seo ag dul i léig ar an ngaoth:—

"Sú-úp an trá-áthnóna,
 Fíorthogha, fíorthogha an tSúip!"

CAIBIDIL XI

CÉ A GHOID NA CÁCAÍ?

Nuair a shroich siad an áit bhí an Rí Hart is an Bhanríon Hart ina suí ar a gcathaoir ríoga agus comhthionól mór ina dtimpeall—scata mór de gach uile chineál éan beag agus beithíoch beag, chomh maith le paca iomlán cártaí: bhí an Cuileata ansiúd ina sheasamh os a gcomhair, é ceangailte le slabhraí agus saighdiúir ar garda ar gach aon taobh de; díreach taobh leis an Rí bhí an Coinín Bán, stoc i lámh leis agus scrolla meamraim sa lámh eile. Bhí bord i gceartlár na cúirte agus mias mhór cácaí ina luí air; bhí siad ag féachaint chomh deas sin nuair a bhreathnaigh Eilís orthu gur chuir siad uisce lena fiacla—"Faraor nach bhfuil an triail thart," a dúirt sí léi féin, "agus an bia á chur timpeall!" Ach ba bheag an baol go dtarlódh sé sin; thosaigh sí mar sin ag féachaint ar gach rud thart uirthi chun an t-am a chur di.

Ní raibh Eilís i dteach cúirte riamh roimhe sin, ach léigh sí faoina leithéid i leabhair, agus bhí sí sásta go raibh ainm aici ar mhórán gach dá raibh ann. "Sin é an breitheamh," a dúirt sí léi féin, "mar gheall ar a pheiriúic mhór."

Ba é an Rí an Breitheamh, dála an scéil. Toisc go gcaitheadh sé a choróin os cionn a pheiriúice (agus más maith leat fáil amach conas a dhéanadh sé é sin, féach ar an tulmhaisiú), ní róchompordach an chuma a bhí air, agus go deimhin ní rómhaith a bhí sé ag dul dó.

"Agus sin thall bosca an ghiúiré," arsa Eilís léi féin; "agus an dá chréatúr déag sin," (bhí uirthi "créatúir" a rá, an dtuigeann tú, mar gur ainmhithe cuid díobh agus éin an chuid eile,) "is dócha gurb iad na giúróirí iad." Dúirt sí an focal "giúróirí" léi féin cúpla uair, mar bhí sí bródúil as: mar shíl sí, agus b'fhíor di é, gur beag cailín dá haois a mbeadh an focal aici ar chor ar bith. Ach bheadh an leagan "an dáréag" gach pioc chomh maith leis.

Bhí an dá ghiúróir déag ag scríobh go gnóthach ar shlinnte. "Cad atá siad a dhéanamh?" a dúirt Eilís de chogar leis an nGríobh. "Ní féidir leo aon rud a bheith acu le scríobh síos sula dtosóidh an triail."

"Is ag cur síos a n-ainmneacha féin atá siad," a d'fhreagair an Ghríobh de chogar, "ar fhaitíos go ndéanfaidh siad dearmad orthu roimh dheireadh na trialach."

"Nach iad na bobarúin iad!" a dúirt Eilís de ghlór ard míshásta; ach choisc sí í féin faoi dheifir, mar ghlaoigh an Coinín Bán "Ciúnas sa chúirt!", agus chuir an Rí a chuid spéaclaí air féin agus bhreathnaigh timpeall go crosta le fáil amach cé a bhí ag caint.

Ba léir d'Eilís, chomh maith agus dá mbeadh sí ag breathnú thar a ngualainn gur "Na bobarúin!" a bhí á scríobh acu ar a slinnte, agus chonaic sí freisin fiú nach raibh litriú an fhocail "bobarúin" ag ceann díobh agus go raibh ar a chomharsa é a insint dó. "Beidh na slinnte ina bpraiseach cheart sula gcuirfear críoch leis an triail!" a dúirt Eilís léi féin.

Is ag déanamh díoscáin a bhí ceann de phinn luaidhe an ghiúiré. Ní fhéadfadh Eilís é sin a fhulaingt ar ndóigh agus chuaigh sí timpeall na cúirte mar sin agus sheas ar a chúl. Níorbh fhada go raibh deis aici an peann luaidhe a bhaint de chomh tobann sin, nach raibh a fhios ag an ngiúróir bocht (ba é Liam an tEarc Luachra é) cad a bhain dó ar chor ar bith; mar sin de, tar éis a bheith á thóraíocht gach áit ar feadh tamaill, bhí air scríobh le méar an chuid eile den lá; agus ba bheag an mhaith dó é sin, toisc nach bhfágadh a mhéar rian ar bith.

"A Bholscaire," a dúirt an Rí, "léigh amach an cúiseamh!"

Shéid an Coinín Bán trí nóta ar a stoc, d'oscail amach an meamram agus léigh mar seo a leanas:—

"An Bhanríon Hart, do bhácáil sí cácaí,
cácaí milse i lár mhí Iúil.
An Cuileata Hart, do ghoid na cácaí,
is thug leis iad ar shiúl!"

"Déanaigí machnamh ar bhur bhfíorasc," a dúirt an Rí leis an ngiúiré.

"Ní go fóill, ní go fóill!" a dúirt an Coinín ag teacht roimhe. "Tiocfaidh a lán lán roimhe sin!"

"Glaoigh ar an gcéad fhinné," a dúirt an Rí. Shéid an Coinín Bán trí nóta ar a stoc agus ghlaoigh amach, "An chéad fhinné!"

Ba é an Haitéir an duine a bhí i gceist. Tháinig sé isteach agus cupán tae i leathlámh agus píosa aráin le him air sa lámh eile. "Gabhaim pardún agat, a Rí," a dúirt sé, "gur thug mé iad seo isteach liom; ach ní raibh mo chuid tae críochnaithe agam nuair a cuireadh fios orm."

"Ba chóir duit a bheith críochnaithe," arsa an Rí. "Cén uair a thosaigh tú?"

D'fhéach an Haitéir ar an nGiorria Márta, a bhí tar éis teacht isteach sa chúirt uillinn ar uillinn leis an Luch Chodlamáin. "An ceathrú lá déag de Mhárta a bhí ann, is dóigh liom," a dúirt sé.

"An cúigiú lá déag," a dúirt an Giorria Márta.

"An séú lá déag," a dúirt an Luch Chodlamáin.

"Scríobhaigí é sin síos," arsa an Rí leis na giúróirí; agus scríobh an giúiré na trí dháta síos go dícheallach ar a slinnte. Shuimigh siad ansin iad agus rinne puint is pinginí díobh.

"Bain díot do hata," a dúirt an Rí leis an Haitéir.

"Ní liomsa é," a dúirt an Haitéir.

"*Goideadh é*!" a dúirt an Rí agus é ag casadh ar an ngiúiré, agus rinne siadsan nóta den scéal láithreach bonn.

"Coinním iad chun iad a dhíol," arsa an Haitéir mar mhíniú. "Níl hata ar bith de mo chuid féin agam. Is haitéir atá ionam."

Chuir an Bhanríon a cuid spéaclaí uirthi ansin agus thosaigh ag stánadh go géar ar an Haitéir. Chaill seisean a lí agus tháinig corrthónacht air.

"Tabhair d'fhianaise," arsa an Rí, "agus ná bíodh neirbhís ar bith ort, nó cuirfear chun báis láithreach bonn baill thú."

Is beag misneach a thug sé sin don fhinné: bhogadh sé ó leathchos go leathchos agus é ag féachaint go míshuaimhneach ar an mBanríon, agus toisc go raibh an-neirbhís air bhain sé greim mór as a chupán in áit an phíosa aráin.

Is ag an nóiméad sin a d'airigh Eilís an-aisteach go dtí gur thuig sí céard a bhí ag tarlú: is ag méadú a bhí sí arís, agus cheap sí ar dtús go n-éireodh sí ina seasamh agus imeacht as an gcúirt; ach tháinig sí ar mhalairt aigne agus shocraigh sí ar fhanacht mar a raibh sí fad is a bheadh áit ann di.

"B'fhearr liom nach mbeifeá do mo bhrú chomh mór sin," a dúirt an Luch Chodlamáin, a bhí ina suí in aice le hEilís. "Is ar éigean is féidir liom anáil a tharraingt."

"Níl neart agam air," a dúirt Eilís go humhal. "Táim ag fás."

"Níl aon cheart agat a bheith ag fás anseo," arsa an Luch Chodlamáin.

"Cuir uait an tseafóid," a dúirt Eilís ní ba dhána: "tá tusa ag fás freisin, tá a fhios agat."

"Tá, ach is ag ráta measartha atáimse ag fás," a dúirt an Luch Chodlamáin: "murab ionann agus tusa. Tá tusa ag fás go háiféiseach tapa." D'éirigh an Luch Chodlamáin le pus uirthi agus chuaigh chuig taobh eile na cúirte.

Idir an dá linn níor stad an Bhanríon de bheith ag stánadh ar an Haitéir, agus nuair a bhí an Luch Chodlamáin ag trasnú na cúirte, dúirt sí le ceann d'oifigigh na cúirte, "Tabhair chugam liosta na n-amhránaithe a ghlac páirt sa cheolchoirm dheireanach!" Nuair a chuala an Haitéir é sin, thosaigh sé ag crith chomh tréan sin gur chroith sé a dhá bhróg de.

"Tabhair do chuid fianaise," a dúirt an Rí arís agus colg air, "nó cuirfear chun báis thú, is cuma cé acu a bhfuil neirbhís ort nó nach bhfuil."

"Is duine bocht mé, a Rí," a dúirt an Haitéir mar thús, "agus ní raibh mé tosaithe ar mo chuid tae—ach seachtain nó dhó—leis an arán agus im a bheith chomh tanaí—agus trilsigh an tráid—"

"Cad a bhí ag trilsiú?" a d'fhiafraigh an Rí.

"Is le tae a thosaigh sé," a d'fhreagair an Haitéir.

"Tá a fhios agam gur le T a *thosaíonn* sé," arsa an Rí, "An dóigh leat gur amadán mé? Lean ort!"

"Is duine bocht mé," a dúirt an Haitéir, "agus bhí mórán gach aon rud ag trilsiú ina dhiaidh sin—ach go ndúirt an Giorria Márta—"

"Ní dúirt!" a dúirt an Giorria ag teacht roimhe go handeifreach.

"Dúirt!" arsa an Haitéir.

"Séanaim é!" arsa an Giorria Márta.

"Séanann sé é," a dúirt an Rí, "Fágaigí an chuid sin amach."

"Bhuel, ar aon chuma, dúirt an Luch Chodlamáin—" arsa an Haitéir ag leanúint leis agus é ag féachaint thart go himníoch le feiceáil an séanfadh sise freisin é; ach níor shéan an Luch Chodlamáin dada mar is ina codladh a bhí sí.

"Ina dhiaidh sin," dúirt an Haitéir, "ghearr mé tuilleadh aráin is ime—"

"Ach cad a dúirt an Luch Chodlamáin," a d'fhiafraigh ceann de na giúróirí.

"Ní cuimhin liom," arsa an Haitéir.

"Caithfidh tú cuimhneamh," arsa an Rí, "nó cuirfear chun báis thú."

Lig an Haitéir bocht dá chupán titim agus chuaigh sé féin síos ar leathghlúin. "Is fear bocht mé, a Rí," a dúirt sé.

"Is cainteoir bocht thú," arsa an Rí.

Lig ceann de muca guine gáir mholta aisti ansin, agus chuir oifigigh toirmeasc uirthi láithreach bonn. (Ós rud é gur focal é "toirmeasc" atá sách deacair, míneoidh mé duit conas a rinneadh é. Bhí mála mór canbháis ag na hoifigigh, a raibh sreanga ag a bhéal chun é a cheangal; shleamhnaigh siad an mhuc ghuine in aghaidh a cinn isteach ann, agus ansin shuigh siad uirthi.)

"Is maith liom go bhfaca mé é sin á dhéanamh," a smaoinigh Eilís. "Is minic a léigh mé sna nuachtáin ag deireadh trialacha: 'Rinneadh iarracht éigin bualadh bos a dhéanamh, ach chuir oifigigh na cúirte toirmeasc air láithreach.' Níor thuig mé é sin go dtí anois."

"Más é sin a bhfuil ar eolas agat faoi, tá cead agat dul síos as sin," arsa an Rí.

"Ní féidir liom dul níos faide síos," a dúirt an Haitéir: "Is ar an urlár atáim mar atá."

"Ansin tá cead agat suí síos," a d'fhreagair an Rí.

Lig an mhuc ghuine eile liú molta aisti agus toirmisceadh í.

"Sin deireadh leis na muca guine, arú!" a dúirt Eilís léi féin. "Is fearr a rachaidh cúrsaí ar aghaidh feasta."

"B'fhearr liom mo chuid tae a chríochnú," a dúirt an Haitéir agus é ag féachaint go himníoch ar an mBanríon, a bhí ag léamh liosta na n-amhránaithe.

"Tá cead agat imeacht," a dúirt an Rí agus d'imigh an Haitéir as an gcúirt faoi dheifir mhór, gan fanacht fiú amháin lena dhá bhróg a chur air.

"—agus bain an ceann de lasmuigh," arsa an Bhanríon le duine de na hoifigigh, ach bhí an Haitéir as amharc sular fhéad an t-oifigeach teacht chuig an doras.

"Glaoigh ar an gcéad fhinné eile!" a dúirt an Rí.

Ba í cócaire an Bhandiúic an chéad fhinné eile. Bhí an piobarán ina lámh aici, agus thomhais Eilís cé a bhí ann, sular tháinig sí isteach sa chúirt fiú, mar thosaigh na daoine timpeall an dorais ag sraothartaíl in éineacht.

"Tabhair do chuid fianaise," a dúirt an Rí.

"Ní thabharfad," a dúirt an cócaire.

D'fhéach an Rí go himníoch ar an gCoinín Bán, agus dúirt seisean de ghlór íseal, "Is gá do do Mhórgacht an finné seo a chroscheistiú."

"Bhuel, más gá, is gá," a dúirt an Rí go gruama, agus tar éis dó a dhá ghéag a fhilleadh ar a chéile agus féachaint le místá ar an gcócaire go dtí go raibh a dhá shúil as amharc nach mór, dúirt sé de ghlór domhain, "Cad as a ndearnadh na cácaí?"

"As piobar, den chuid is mó," a dúirt an cócaire.

"Triacla," a dúirt glór codlatach ar a cúl.

"Cuirtear coiléar ar an Luch Chodlamáin sin!" a dúirt an Bhanríon de scréach. "Baintear a cloigeann den Luch Chodlamáin sin! Díbrítear an Luch Chodlamáin sin! Cuirtear toirmeasc uirthi! Baintear scealpóg aisti. Baintear na guairí di!"

Bhí rí rá sa chúirt ar feadh cúpla nóiméad fad is a bhí an Luch Chodlamáin á ruaigeadh. Faoin am ar shocraigh gach éinne síos arís, bhí an cócaire imithe.

"Is cuma!" a dúirt an Rí, agus faoiseamh mór air. "Glaoitear ar an gcéad fhinné eile." Agus dúirt sé faoina anáil leis an mBanríon, "Dáiríre, a stór, ní mór duitse an chéad fhinné eile a chroscheistiú. Cuireann croscheistiú pian ar mo chlár éadain!"

D'fhéach Eilís ar an gCoinín Bán ag útamáil leis an liosta agus bhí sí an-fhiosrach le feiceáil cén chuma a bheadh ar an gcéad fhinné eile, "—mar is beag fianaise atá acu go dtí seo," a dúirt sí léi féin. Is féidir leat an t-iontas a bhí uirthi a shamhlú nuair is é an t-ainm a léigh an Coinín Bán amach in ard a ghutha ghéir chaoil ná "Eilís!"

CAIBIDIL XII

FIANAISE EILÍSE

"Anseo!" a ghlaoigh Eilís, agus í ag dearmad toisc a chorraithe is a bhí sí, cé chomh mór a d'fhás sí sna nóiméid deireanacha. Léim sí ina seasamh chomh tobann sin gur leag sí bosca an ghiúire le binn a gúna, rud a chaith na giúróirí anuas ar an slua thíos. D'fhan siad ina luí ansin ar a bhfad is ar a leithead, rud a chuir i gcuimhne di go

baileach an babhla d'éisc órga a leag sí go tuaipliseach an tseachtain roimhe sin.

"Ó, gabhaim pardún agaibh!" a dúirt sí go láidir agus go brónach, agus thosaigh sí á bpiocadh suas arís chomh tapa agus ab fhéidir léi, mar bhí an timpiste leis na héisc órga ag rith trína cloigeann agus bhí sórt tuairime aici go gcaithfí iad a bhailiú gan mhoill agus a gcur ar ais i mbosca an ghiúiré nó go bhfaighidís bás.

"Ní féidir leanúint ar aghaidh leis an triail," arsa an Rí go sollúnta dáiríre, "go mbeidh gach uile ghiúróir ar ais ina áit—gach uile ghiúróir," a dúirt sé arís agus é ag féachaint ar Eilís le linne na cainte sin.

D'fhéach Eilís ar bhosca an ghiúiré agus chonaic sí go raibh an tEarc Luachra curtha isteach aici ann bunoscionn toisc an oiread sin deifre a bheith uirthi. Bhí an ruidín bocht ag croitheadh a eireabaill go brónach, toisc go raibh sé i bhfostú. Níorbh fhada gur bhain sí amach arís agus chuir isteach ceart é, "bíodh nach fiú mórán é sin," a dúirt sí léi féin; "Ceapaimse go mbeidh sé chomh húsáideach céanna don triail ba chuma cén bealach a gcuirfear isteach é."

Chomh luath agus a tháinig na giúróirí chucu féin beagán tar éis na turrainge a fuair siad, agus nuair a fuarthas agus a tugadh a slinnte agus a bpinn luaidhe arís dóibh, thosaigh siad go dícheallach ag scríobh amach stair na timpiste—gach duine díobh ach an tEarc Luachra. Baineadh siar as chomh dona sin nach bhféadfadh sé dada a dhéanamh ach suí ann lena bhéal leata agus é ag féachaint suas ar shíleáil na cúirte.

"Cad atá ar eolas agat faoin ngnó seo?" a d'fhiafraigh an Rí d'Eilís.

"Dada," arsa Eilís.

"Dada ar chor ar bith?" a dúirt an Rí.

"Dada ar chor ar bith bith," a dúirt Eilís.

"Is rud an-tábhachtach é sin," a dúirt an Rí agus é ag casadh ar na giúróirí. Bhí siad uile ar tí é a scríobh síos ar a slinnte, nuair a tháinig an Coinín Bán roimh an Rí agus "Neamhthábhachtach, atá i gceist ag do Mhórgacht, ar ndóigh," a dúirt sé leis an Rí go han-ómósach, cé go raibh míshásamh air agus chuir sé strainceanna air féin leis an Rí le linn na cainte dó.

"Neamhthábhachtach a bhí i gceist agam, deile?" a dúirt an Rí go sciobtha, agus lean air faoina anáil leis féin "tábhacht-ach—neamhthábhachtach—neamhthábhachtach—tábh-achtach—" amhail is dá mbeadh sé ag féachaint cén ceann ab fhearr fuaim.

"Tábhachtach" a scríobh roinnt de na giúróirí, agus "neamh-thábhachtach" an chuid eile. Chonaic Eilís é sin mar bhí sách cóngarach dóibh le breathnú thar a nguaillí; "ach is cuma sa tsioc faoi," a dúirt sí léi féin.

Bhí an Rí an-ghnóthach ag scríobh ina leabhrán nótaí ach ghlaoigh sé amach ag an bpointe sin "Ciúnas!" agus léigh amach mar seo, "Riail Daichead is a Dó: *Ní mór do gach duine a bheidh níos mó ná míle ar airde imeacht as an gcúirt.*"

D'fhéach gach duine ar Eilís.

"Nílimse míle ar airde," a dúirt Eilís.

"Tá," a dúirt an Rí.

"Tá tú dhá mhíle ar airde nach mór," a dúirt an Bhanríon.

"Bhuel, ní imeod cibé ar bith," a dúirt Eilís: "agus ar aon chuma, ní riail cheart í sin: cheap tú ar ball beag í."

"Is í an riail is sine sa leabhar í," arsa an Rí.

"Ansin ba chóir gurbh í Riail Uimhir a hAon í," a dúirt Eilís.

Tháinig dath geal bán ar an Rí, dhún sé a leabhrán faoi dheifir go ndúirt de ghlór creathach, "Déanaigí machnamh ar bhur bhfíorasc."

"Tá tuilleadh fianaise le teacht go fóill, le do thoil, a Rí," a dúirt an Coinín Bán agus é ag preabadh aníos faoi dheifir mhór: "thángthas ar an bpáipéar seo anois díreach."

"Cad atá ann?" a d'fhiafraigh an Bhanríon.

"Níor oscail mé fós é," a dúirt an Coinín Bán, "ach dealraíonn sé gur litir atá ann, a scríobh an príosúnach— chuig duine éigin."

"Sin atá ann, ní foláir," a dúirt an Rí, "murar scríobhadh chuig aon duine é, agus is rud neamhghnách é sin."

"Cén seoladh atá air?" a d'fhiafraigh duine de na giúróirí.

"Níl seoladh ar bith air," a dúirt an Coinín Bán: "leis an bhfírinne a dhéanamh, níl dada scríofa air taobh amuigh." D'oscail sé amach an páipéar le linn na cainte dó agus dúirt "Ní litir atá ann i ndeireadh na dála; is sraith de véarsaí filíochta atá ann."

"An i lámh an phríosúnaigh atá siad?" a d'fhiafraigh duine eile de na giúróirí.

"Ní hea, ní ina lámh seisean atá siad," a dúirt an Coinín Bán, "agus sin é an rud is aistí uile faoin scéal." (Bhí cuma mhearaithe ar an ngiúiré.)

"Ní foláir nó i lámh duine eile a scríobh sé é," a dúirt an Rí. (Gheal ar aghaidheanna an ghiúiré arís.)

"Le toil do Mhórgachta," arsa an Cuileata, "ní mise a scríobh é, agus ní féidir leo a chruthú gur mé: níor síníodh ainm ar bith ag an deireadh."

"Murar shínigh tú é," a dúirt an Rí, "is measa an chuma atá ar chúrsaí. Bhí urchóid éigin ar intinn agat, nó shíneofá é mar a dhéanfadh fear macánta."

Bhí bualadh bos ó gach uile dhuine ansin: ba é an chéad rud fíorchliste a bhí ráite ag an Rí an lá sin é.

"Cruthaíonn sé sin gurb eisean atá ciontach ar ndóigh," a dúirt an Bhanríon, "Mar sin baintear an—"

"Ní chruthaíonn sé dada dá shórt!" a dúirt Eilís. "Féach, níl a fhios agat fiú amháin cad faoi a bhfuil na rainn!"

"Léigh amach iad," a dúirt an Rí.

Chuir an Coinín Bán a spéaclaí air. "Cá dtosóidh me, le toil do Mhórgachta?" a d'fhiafraigh sé.

"Tosaigh ag an tús," a dúirt an rí go han-sollúnta, "agus lean ort go dtiocfaidh tú chuig an deireadh. Stad ansin."

Bhí ciúnas sa chúirt fad a léigh an Coinín Bán amach na rainn seo a leanas:—

> *"Chuaigh tú, a dúirt siad, chuici siúd,*
> *is leisean rinnis orm trácht.*
> *Níorbh olc an méid a cheap sí fúm*
> *cé nach raibh agam snámh.*
>
> *Chuir sé scéal nár imíos féin*
> *(is léir dúinn é bheith fíor).*
> *Dá mbrostódh sí ar aghaidh an scéal,*
> *an athródh sé sin do chaoi?*

Ceann di a thug mé, dhá cheann dó,
  thug tusa ceathair nó cúig.
D'fhill siad chughatsa uaidh faoi dheoidh,
  gidh gur liomsa iad ar dtús.

Agam dá mbeadh nó aici féin
  aon bhaint mhór leis an gcás,
bheadh muinín aige as do scéim
  lena scaoileadh as an ngábh.

Ba é mo mheas gur chonstaic thú
  (sular bhuail an taom seo í)
's gur tháinig tú (is beag is fiú)
  eadrainn is an rud sin thíos.

Ná hinis dó na rudaí is fearr
  dar léi ach bíodh faoi cheilt
gan fhios do chách an rún go brách
  idir mise is tusa beirt."

"Is é sin an píosa fianaise is tábhachtaí dár chualamar go dtí seo," a dúirt an Rí, agus é ag cuimilt a lámh, "mar sin déanadh an giúiré—"

"Más féidir le duine ar bith díobh an rud a mhíniú," a dúirt Eilís, (bhí sí tar éis fás chomh mór sin le cúpla nóiméad anuas, nach raibh faitíos ar bith uirthi teacht roimhe,) "tabharfaidh mé fiche pingin dó. Ní dóigh liomsa go bhfuil oiread is gráinnín amháin céille ann."

Scríobh na giúróirí síos ar a slinnte, "Ní chreideann sí go bhfuil oiread is gráinnín amháin céille ann," ach níor bhac aon duine díobh leis an bpáipéar féin a mhíniú.

"Mura bhfuil ciall ar bith leis," a dúirt an Rí, "sábhálann sé sin mórán trioblóide, tá a fhios agaibh, mar ní gá dúinn féachaint le ciall a bhaint as. Ach níl a fhios agam féin," a dúirt sé agus é a leathnú na rann amach ar leathghlúin leis agus ag breathnú orthu le leathshúil; "feictear dom go bhfuil ciall éigin iontu i ndiaidh an iomláin. '—*cé nach raibh agam snámh*—' níl snámh agat, a bhfuil?" a d'fhiafraigh sé ag casadh ar an gCuileata.

Chroith an Cuileata a cheann go brónach, "An bhfuil an chuma sin orm?" a dúirt sé. (Is cinnte nach raibh an chuma sin air, mar is as cairtchlár ar fad a bhí sé déanta.)

"Tá go maith agus níl go holc," a dúirt an Rí; agus lean sé leis ag monabhar leis féin faoi na rainn: "*is léir dúinn é bheith fíor*'—sin é an giúiré, ar ndóigh—'*Dá mbrostódh sí ar aghaidh an scéal*'—caithfidh gurb í sin an Bhanríon—'*an athródh sin do chaoi?*'—an athródh, go deimhin?—'*Ceann di a thug mé, dhá cheann dó*'—féach, b'shin é a ndearna sé leis na cácaí, tá a fhios agat—"

"Ach leanann sé leis agus deir '*D'fhill siad chughatsa uaidh faoi dheoidh*'," a dúirt Eilís.

"Ach féach, tá siad ansin," a dúirt an Rí go buach agus é ag taispeáint na gcácaí ar an mbord. "Ní féidir le rud ar bith a bheith ní ba shoiléire ná é sin. Ach ansin—'*sular bhuail an taom seo í*'—níor

bhuail taomanna riamh thú, is dóigh liom, a stór?" a dúirt sé leis an mBanríon.

"Níor bhuail riamh!" a dúirt an Bhanríon agus í ag caitheamh seas dúcháin go fíochmhar leis an Earc Luachra le linn na cainte di. (Bhí Liam bocht tar éis éirí as scríobh ar a shlinn lena mhéar; mar fuair sé amach nach bhfágadh sí aon rian; ach thosaigh sé ag scríobh go deifreach arís, agus é ag baint feidhm as an dúch a bhí ag sileadh anuas a aghaidh, chomh fada agus a bhí a dhóthain dúigh aige chuige sin.)

"Taom na focail sin amach, mar sin!" a dúirt an Rí leis an gCoinín Bán agus d'fhéach sé timpeall na cúirte le meangadh gáire ar a bheola. Ní raibh focal as aon duine.

"Is imeartas focal atá ann!" a dúirt an Rí go feargach, agus rinne gach uile dhuine gáire. "Déanadh an giúiré machnamh ar a bhfíorasc," a dúirt an Rí den fhichiú huair nó mar sin an lá céanna.

"Ní hea, ní hea!" arsa an Bhanríon. "An phianbhreith ar dtús—an fíorasc ina dhiaidh sin."

"Seafóid agus deargsheafóid!" a dúirt Eilís go hard. "An phianbhreith ar dtús—a leithéid!"

"Éist do bhéal!" a dúirt an Bhanríon agus í dúdhearg le teann feirge.

"Ní éistfead!" a dúirt Eilís.

"Baintear an cloigeann di!" a ghlaoigh an Bhanríon in ard a gutha. Níor chorraigh aon duine.

"Nach cuma le gach duine fúibhse," a dúirt Eilís. (Bhí sí fásta go dtí a gnáthmhéid faoin am sin.) "Níl ionaibhse ach paca cártaí!"

Is ansin a d'éirigh an paca uile in airde san aer agus tháinig ag eitilt anuas uirthi; lig sí scréach bheag aisti, leath le heagla agus leath le fearg, agus rinne iarracht í féin a chosaint orthu, ach fuair sí í féin ina luí ar an mbruach, a ceann in ucht a deirféar, agus bhí sí sin ag scuabadh roinnt duilleog marbh go séimh d'aghaidh Eilíse, mar bhí siad tite anuas de na crainn uirthi.

"Dúisigh, a Eilís, a chroí," a dúirt a deirfiúr. "Nach fada an codladh a bhí agat!"

"Ó, is iontach an bhrionglóid a bhí agam!" a dúirt Eilís. Agus d'inis sí dá deirfiúr chomh fada is a chuimhnigh sí orthu faoi na heachtraí aisteacha uile a bhí aici agus a bhfuil léite agat fúthu sa leabhar seo; nuair a chríochnaigh sí, phóg a deirfiúr í go ndúirt "Is aisteach an bhrionglóid a bhí ann go cinnte, a chroí; ach rith leat chuig do chuid tae anois, mar is ag éirí déanach atá an t-am." D'éirigh Eilís mar sin agus rith léi agus í ag smaoineamh sa rith di, agus b'fhíor di é, gurb iontach an bhrionglóid a bhí ann gan aon amhras.

Ach d'fhan a deirfiúr ina suí mar bhí sí nuair a d'imigh Eilís, a ceann ina lámh aici agus í ag breathnú ar luí na gréine agus ag smaoineamh ar Eilís bheag agus a heachtraí iontacha, go dtí gur thosaigh sí féin ag brionglóid ar bhealach agus ba é seo an bhrionglóid a bhí aici:—

Ar dtús rinne sí brionglóid faoi Eilís bheag féin; uair amháin eile bhí na lámha beaga bídeacha ag breith ar a glúin, agus na súile díograiseacha glé ag féachaint aníos ina súile sise—chloiseadh sí a glór agus d'fheiceadh sí croitheadh saoithiúil a cloiginn a dhéanadh sí chun an ghruaig fáin a choinneáil siar, mar bhíodh ribí i gcónaí ag titim thar a dhá súil—agus fad is a bhí sí ag éisteacht, nó a bhí cuma uirthi gur ag éisteacht a bhí sí, tháinig beocht san áit máguaird i ngeall ar chréatúir aisteacha na brionglóide a bhí ag a deirfiúr.

Dhéanadh an féar fada siosarnach ag a cosa fad is a bhí an Coinín Bán ag deifriú thart—bhí an Luch eaglach ag stealladh a bealaigh tríd an linn in aice láimhe—chloiseadh sí gliogaíl na gcupán tae fad is a bhí an Giorria Márta agus a chairde i mbun a mbéile gan chríoch, agus glór géar na Banríona agus í ag ordú go gcuirfí a haíonna mí-ámharacha chun báis—bhí an leanbh muice arís ag sraothartaíl ar leathghlúin an Bhandiúic, fad is a bhí plátaí agus miasa ag pléascadh ina thimpeall—líonadh an t-aer arís le scréach na Gríbhe, le díoscán pheann luaidhe an Earc Luachra agus le tachtadh na muc guine nuair a cuireadh faoi thoirmeasc iad; agus arna mheascadh tríd sin bhí tocht bróin an Turtair Bhréige i bhfad uaithi.

D'fhan sí ina suí fós a súile leathdhúnta, agus is beag nár chreid sí go raibh sí féin i dTír na nIontas, cé go raibh a fhios aici nár ghá di ach iad a oscailt arís agus nach mbeadh ann ach leimhe an ghnáthshaoil—ní bheadh ann ach an féar ag siosarnaíl leis an ngaoth, agus an linn ag lapadaíl le luascadh na ngiolcach—d'athródh gliogaíl na gcupán go bualadh chloigíní na gcaorach, agus in áit screadaíl ghéar na Banríona ní bheadh ann ach glao an aoire óig—agus bhí a fhios aici go n-athródh sraothartaíl an linbh, scréach na Gríbhe agus na fuaimeanna aisteacha eile go rí rá is cling cleaing chlós na feirme, fad is go nglacfadh géimneach na mbó i bhfad uaithi áit snagaíl thochtmhar an Turtair Bhréige.

Shamhlaigh sí ar deireadh thiar conas a bheadh an deirfiúr bheag seo léi le himeacht aimsir ina bean fhásta; agus go gcoinneodh sí trí bhlianta a haibíochta, croí grámhar simplí a hóige, agus go mbaileodh sí ina timpeall páistí beaga eile, agus go gcuirfeadh sí solas agus díograis ina súile leis an iomad scéal aisteach a d'inseodh sí dóibh, b'fhéidir fiú

amháin go n-inseodh sí dóibh brionglóid Thír na nIontas a tharla fadó fadó; agus shamhlaigh sí go mbraithfeadh sí a mbrón simplí, agus go mbainfeadh sí sult as a bpléisiúir shimplí, agus í ag cuimhneamh siar ar a hóige féin agus laethanta sona an tsamhraidh.

ALSO AVAILABLE FROM EVERTYPE

SOURCES

Alice's Adventures in Wonderland: The Evertype definitive edition,
by Lewis Carroll, 2016

Alice's Adventures in Wonderland, illus. June Lornie, 2013

Alice's Adventures in Wonderland, illus. Mathew Staunton, 2015

Alice's Adventures in Wonderland, illus. Harry Furniss, 2016

Alice's Adventures in Wonderland, illus. J. Michael Rolen, 2017

Through the Looking-Glass and What Alice Found There,
by Lewis Carroll, 2009

The Nursery "Alice", by Lewis Carroll, 2015

Alice's Adventures under Ground, by Lewis Carroll, 2009

The Hunting of the Snark, by Lewis Carroll, 2010

SEQUELS

A New Alice in the Old Wonderland, by Anna Matlack Richards, 2009

New Adventures of Alice, by John Rae, 2010

Alice Through the Needle's Eye, by Gilbert Adair, 2012

Wonderland Revisited and the Games Alice Played There,
by Keith Sheppard, 2009

Alice and the Boy who Slew the Jabberwock,
by Allan William Parkes, 2016

SPELLING

Alice's Adventures in Wonderland,
Retold in words of one Syllable by Mrs J. C. Gorham, 2010

𐐀𐑊𐐮𐑅'𐑆 𐐈𐑂𐐯𐑌𐐽𐐳𐑉𐑆 𐐮𐑌 𐐎𐐲𐑌𐐼𐐲𐑉𐑊𐐰𐑌𐐼 (Alis'z Advenchurz in
Wundurland), *Alice* printed in the Deseret Alphabet, 2014

Alisa-ney Aventuras in Divalanda, *Alice* in Lingua de Planeta (Lidepla),
tr. Anastasia Lysenko & Dmitry Ivanov, 2014

La aventuras de Alisia en la pais de mervelias,
Alice in Lingua Franca Nova, tr. Simon Davies, 2012

Alice ehr Eventüürn in't Wunnerland,
Alice in Low German, tr. Reinhard F. Hahn, 2010

Contoyrtyssyn Ealish ayns Çheer ny Yindyssyn,
Alice in Manx, tr. Brian Stowell, 2010

Ko Ngā Takahanga i a Ārihi i Te Ao Mīharo,
Alice in Māori, tr. Tom Roa, 2015

Dee Erläwnisse von Alice em Wundalaund,
Alice in Mennonite Low German, tr. Jack Thiessen, 2012

Auanturiou adelis en Bro an Marthou,
Alice in Middle Breton, tr. Herve Le Bihan & Herve Kerrain, forthcoming

The Aventures of Alys in Wondyr Lond,
Alice in Middle English, tr. Brian S. Lee, 2013

Þurh þe Loking-Glas and What Alys Founde Þere,
Looking-Glass in Middle English, tr. Brian S. Lee, forthcoming

L'Avventure d'Alice 'int' 'o Paese d' 'e Maraveglie,
Alice in Neapolitan, tr. Roberto D'Ajello, 2016

Attravierzo 'o specchio e cchello c'Alice ce truvaie,
Looking-Glass in Neapolitan, tr. Roberto D'Ajello, 2019

L'Aventuros de Alis in Marvoland, *Alice* in Neo, tr. Ralph Midgley, 2013

Elises Eventyr i Undernes Land: den første norske *Alice:*
Elise's Adventures in the Land of Wonders: the first Norwegian *Alice,*
Alice in Norwegian, ed. & tr. Anne Kristin Lande, 2022

Alice sine opplevingar i Eventyrlandet,
Alice in Nynorsk, tr. Sigrun Anny Røssbø, 2020

Æðelgýðe Ellendæda on Wundorlande,
Alice in Old English, tr. Peter S. Baker, 2015

La geste d'Aalis el Païs de Merveilles,
Alice in Old French, tr. May Plouzeau, 2017

www.ingramcontent.com/pod-product-compliance
Lightning Source LLC
Chambersburg PA
CBHW022052050726
47591CB00002B/504